코딩 트레이닝

Exercises for Programmers
57 Challenges to Develop Your Coding Skills

Exercises for Programmers: 57 Challenges to Develop Your Coding Skills
By Brian P. Hogan

코딩 트레이닝: 새로운 언어를 배울 때 다시 풀어보는 57개 연습문제

초판 1쇄 발행 2016년 8월 2일 3쇄 발행 2019년 8월 19일 지은이 브라이언 호건 옮긴이 정기훈 펴낸이 한기성 펴낸곳 인사이트 편집 정수진 제작·관리 박미경 용지 에이페이퍼 출력 소다미디어 인쇄 현문인쇄 후가공 이지앤비 제본 자현제책 등록번호 제2002-000049호 등록일자 2002년 2월 19일 주소 서울시 마포구 연남로5길 19-5 전화 02-322-5143 팩스 02-3143-5579 블로그 http://blog.insightbook.co.kr 이메일 insight@insightbook.co.kr ISBN 978-89-6626-185-7 책값은 뒤표지에 있습니다. 잘 못 만들어진 책은 바꾸어 드립니다. 이 책의 정오표는 http://blog.insightbook.co.kr에서 확인하실 수 있습니다. 이 도서의 국립중 앙도서관 출판예정도서목록(CIP)은 서지정보유통지원시스템 홈페이지(http://seoji.nl.go.kr)와 국가자료공동목록시스템(http://www. nl.go.kr/kolisnet)에서 이용하실 수 있습니다.(CIP제어번호: CIP2016015750)

코딩

새로운 언어를 배울 때
다시 풀어보는 57개 연습문제

트레
이닝

브라이언 호그 지음 · 정기훈 옮김

인사이트
insight

차례

옮긴이의 글

우리말이나 영어처럼 일상에서 사용하는 언어와 마찬가지로 프로그래밍 언어 역시 한순간에 배우기는 어렵다. 마치 어린아이가 말을 배우듯 쉬운 표현부터 반복해서 연습해야 자신의 언어로 자리매김하게 된다.

『코딩 트레이닝: 새로운 언어를 배울 때 다시 풀어보는 57개 연습문제』는 일반적인 프로그래밍 언어 학습서와는 달리 특정 언어에 대해 설명하지 않는다. 그 대신 익히고자 하는 언어에 대한 실전 감각을 익힐 수 있도록 다양한 수준의 상황을 제시하여 문제 해결 능력을 향상시키도록 도와준다. 이 과정에서 독자는 프로그래밍 언어에 대한 지식을 종합적으로 사용하게 되는데 이러한 부분은 학습서에서 다루기가 쉽지 않다. 아울러 문제를 하나씩 해결할 때마다 마치 단기 프로젝트를 마친 것 같은 성취감을 느낄 수 있다는 것도 이 책의 장점이다. 프로그래밍 언어를 익히기는 했는데 실전 경험이 부족한 사람이라면 이 책을 통해 실무에 바로 대응할 수 있는 인재로 거듭날 수 있을 것이라 확신한다.

이 책을 번역할 수 있도록 기회를 주신 인사이트 대표님께 감사드린다. 그리고 여전히 단순한 텍스트를 책으로 완성시켜 주시는 정수진 에디터께도 감사 인사를 드린다. 마지막으로 옆에서 항상 응원해 주는 아내와 윤서, 태원에게도 감사 인사를 전한다.

정기훈

추천의 글

새로운 프로그래밍 언어를 찾는다면 반드시 이 책도 함께 읽어야 한다. 이 책을 통해 여러분은 첫 번째 문제를 해결하는 것부터 시작하여, 개발할 때 필요한 기본기를 다질 수 있을 것이다. 나 역시 많은 것을 배웠으며, 여러분 역시 그럴 것이다.

스테픈 오르(Stephen Orr)
Impact Applications 수석 소프트웨어 엔지니어

새로운 프로그래밍 언어를 배우는 가장 효율적인 방법인 '훈련'을 사용하는 환상적인 책을 소개한다. 이 책은 언어에 구애받지 않을 뿐만 아니라, 다른 기술 서적에서는 거의 다루지 않는 가치를 끊임없이 반복하기 때문에 유용하다.

제이슨 파이크(Jason Pike)
theswiftlearner.com 소프트웨어 개발자

새로운 프로그래밍 언어를 공부하려는 사람에게 아주 좋은 책이다. 신참 프로그래머든 경험 많은 프로그래머든 상관없이 이 책에서 제공하는 연습문제를 통해 가치있는 경험을 할 수 있을 것이다. 이 책은 입문자에게는 편안한 접근 방법을, 고급 프로그래머에게는 쉽지 않은 도전 과제를 제시한다.

알렉스 헨리(Alex Henry)
JAMF Software 소프트웨어 엔지니어(품질 보증 분야)

감사의 글

먼저, 여러분에게 감사한다. 여러분은 정말 대단하다. 왜냐하면 여러분은 이 책을 선택하여 스스로 소프트웨어 개발자로서의 스킬을 향상시키겠다는 약속을 했기 때문이다. 필자는 여러분과 같은 사람을 위해 이 책을 집필하였다.

두 번째로, 데이브 토마스(Dave Thomas)에게 감사 인사를 드린다. 데이브는 이 책의 아이디어를 믿고 1년이 넘도록 가이드를 제시해주었다. 그에게 배울 수 있었던 것은 영광이자 특혜였다. 그리고 이 책에 대한 데이브의 응원과 연습문제에 대한 관대한 리뷰, 다양한 제안에 깊은 감사를 전한다. 데이브와 앤디(Andy)는 프로그래머에게 더 나은 환경을 만들기 위해 지속적으로 노력하고 있으며, 이에 조금이나마 기여할 수 있는 기회를 만들어준 것에 감사한다.

수자나 팔저(Susannah Pfalzer)에게도 특별히 감사 인사를 드린다. 수자나는 항상 필자의 초고를 훌륭하게 만들어 주었다. 특히, 정확하게 디테일을 잡아 무엇에 초점을 맞추고자 하는지를 알려주었다. 이 책이 그녀와 함께 작업하는 여섯 번째 책인데, 그녀의 가이드 덕에 더 좋은 필자로 거듭날 수 있었다.

앤디 헌트(Andy Hunt), 마이크 라일리(Mike Reilly), 마이클 스웨인(Michael Swaine), 파미다 라시드(Fahmida Rashid), 브루스 테이트(Bruce Tate)에게도 이 책의 아이디어를 제시했을 때 많은 용기를 북돋아준 것에 대해 감사 인사를 드린다.

이 책에서 사용된 연습문제들은 10년 넘게 프로그래밍을 가르치면서 사용한 프로그램이다. 이와 관련하여 자카리 백스터(Zachary Baxter), 조단 버그(Jordan Berg), 루크 체이스(Luke Chase), 디 디 데일(Dee Dee Dale), 제이콥 도나호(Jacob Donahoe), 알렉스 엑블라드(Alex Eckblad), 아리오 파루지(Arrio Farugie), 에밀리 마이클(Emily Mikl), 아론 밀러(Aaron Miller), 에릭 모르(Eric Mohr), 자카리 솔로프라(Zachary Solofra), 대런 소피어즈(Darren Sopiarz), 애슐리 스티븐스(Ashley Stevens), 미아 탈라커(Miah Thalacker), 앤드류 월리(Andrew Walley)를 비롯하여 수년간 필자의 수업과 실습 시간에 참여한 많은 학생들에게도 감사한다. 필자의 교육에 대한 여러분의 피드백이 엄청나게 많은 도움이 되었다. 그리고 필자가 좋은 선생님이 될 수 있도록 피드백과 인사이트를 제공해준 카일 로웬하겐(Kyle Loewenhagen), 존 쿨리(Jon Cooley), 조지 앤드류(George Andrews)에게도 감사의 인사를 전한다.

최고의 학생을 키워낼 수 있도록 응원과 뛰어난 아이디어를 준 뎁 월시(Deb Walsh)도 있다. 우리는 교육과 학습에 대한 믿음을 서로 공유하였으며, 대화를 통해 많은 것을 배울 수 있었다. 자신의 경험과 전문 지식을 필자에게 공유해주고, 필자의 교육 방법을 지원해준 것에 대해 감사 인사를 드린다.

연습문제들로 구성된 이 책은 초급자들과 베테랑 소프트웨어 개발자들의 훌륭하고 환상적인 피드백을 통해 다듬어지고 명확해졌다. 이 책의 감수자들이 자신들이 제일 선호하는 프로그래밍 언어로 시간과 노력을 들여 문제를 풀어보고 조언해주어서 잘 풀리지 않거나 개선이 필요한 부분들을 파악할 수 있었다. 크리스 C.(Chris C.), 알렉스 헨리(Alex Henry), 제시카 제니욱(Jessica Janiuk), 크리스 존슨(Chris Johnson), 아론 칼레어(Aaron Kalair), 션 린제이(Sean Lindsay), 매튜 올드햄(Matthew Oldham), 스테픈 오르(Stephen Orr), 제이슨 파이크(Jason Pike), 제시카 스토돌라(Jessica Stodola), 앤드류 바헤이(Andrew Vahey), 미첼 볼크(Mitchell Volk)에게 이 책의 연습문제를 테스트하고 제안과 피드백을 제공하느라 자신의 시간을 투자해 줘서 감사하다는 인사를 전하고 싶다.

사업 동료인 미치 불라드(Mitch Bullard), 케빈 지시(Kevin Gisi), 크리스 존슨(Chris Johnson), 제프 홀란드(Jeff Holland), 에리치 테스키(Erich Tesky), 마일즈 스테인하우저(Myles Steinhouser), 크리스 워렌(Chris Warren), 마이크 웨버(Mike Weber)에게도 많은 지원을 해주어

감사하다는 말을 전하고 싶다.

그리고 나의 아내이자 절친인 카리사(Carissa)! 당신의 사랑과 지원이 이 모든 것을 가능하게 만들었다. 당신이 나와 우리 딸들에게 해준 모든 것에 대해 영원히 감사한다.

마지막으로 이 책을 집필하는 동안 안아주고 문자 메시지로 응원해준 아나(Ana)와 리사(Lisa)에게 고마운 마음을 전하고 싶다. 그리고 이 책을 집필하는 동안 소파와 한몸이 되도록 허락해 준 점에 대해서도 감사한다.

이 책의 사용 방법

연습은 끝이 없다.

연주회를 앞둔 피아니스트는 하루에 몇 시간씩 연습하고, 음악을 공부하고, 기술을 연마한다. 피아니스트는 완벽하게 연주하기 위해 동일한 곡을 수없이 연습하고 아주 세세한 것이라도 배우고 익힌다. 자신의 연주회에 시간과 공연비를 지불한 사람들에게 완벽한 연주를 들려주기 위해서이다.

프로 축구 선수는 체육관에서 역기를 들고, 달리고, 점프하고, 기술을 마스터하기 위해 많은 시간을 할애한다. 또한 비디오를 통해 과거 시합에서의 플레이를 공부하고, 스크럼과 시범경기에 참여하여 실전에 뛰어들 준비가 되었는지를 점검한다.

가라데 현역 선수는 일생 동안 싸움과 전투에서 사용하는 초식인 카타(kata, 型)를 하는 데 평생을 바친다. 즉, 정확한 시간에 숨을 쉬고 정확한 근육을 사용하는 법을 배운다. 또한 같은 초식을 수천 번 반복하며 매번 더 나아지기 위해 노력한다.

필자가 만나본 최고의 소프트웨어 개발자들 역시 비슷한 방식으로 자신들만의 작업을 수행한다. 그들은 매일같이 출근해서 월급을 받으면서 연습하지 않는다. 그대신 새로운 언어를 배우고 완벽한 테크닉을 구사하기 위해 자신의 시간을 투자한다. 물론 일을 하면서도 새로운 것을 배울 수 있겠지만, 급여를 받기 때문에 연습을 하기보다는 성과물을 내야만 한다.

이 책은 프로그래머로서 기술을 연마하는 것에 대한 모든 것을 정리하였다. 책을 펼치고 텍스트 편집기를 띄운 다음 프로그램을 짜면서 자신만의 모든 가능한 버전을 만들어 보기 바란다. 한 번도 사용해보지 않은 프로그래밍 언어를 사용하고 매번 더 나아지기 위해 노력하기 바란다.

누구를 위한 책인가

이 책은 두 종류의 프로그래머 그룹을 위해 만들어졌다.

먼저 프로그래밍에 입문하는 학생들이 학교 밖에서 연습할 수 있도록 연습문제를 제공한다. 숙제만으로는 기술을 연마하기 어렵다. 미래의 고용주는 여러분이 비판적으로 사고할 수 있고 프로그래밍 과정에서 생기는 문제를 해결하는 기술을 지니기를 바랄 것이다. 또한 여러분도 이런 점을 더 발전시키기 위한 연습이 필요할 것이다. 이 책은 많은 개발자가 접하고 있는 실전의 문제를 여러분의 능력에 맞게 난이도를 조절해 연습문제로 제공한다. 각 장은 기본적인 프로그래밍 구성요소를 다루며 한 장씩 나아갈수록 점점 더 복잡해진다. 이를 통해 여러분이 배운 것을 다지고, 학교 안팎에 펼쳐진 도전 과제를 준비할 수 있을 것이다.

많은 초급 프로그래머들은 어떻게 문제를 해결하는지를 정형화된 방법을 통해 학습한다. 즉, 타이핑할 수 있는 약간의 코드가 있는 튜토리얼을 통해 프로그래밍 언어를 공부하는 것이다. 이 방법은 코드 작성을 시작하는 훌륭한 방법이다. 하지만 이러한 방식으로만 학습한 프로그래머들은 해결 방법이 나와있지 않은, 다양한 해석이 가능한 문제를 만나면 고군분투하게 된다. 그리고 경험이 많은 프로그래머들은 소프트웨어 개발이 다양한 해석이 가능한 문제로 가득 찼다고 말해 줄 것이다. 이 책에 있는 연습문제들은 이와 같은 문제 해결 기술을 향상시키도록 도와 더 큰 문제에 봉착하거나 어쩌면 아무도 해결하지 못한 문제를 만났을 때 그에 맞설 자신감을 심어줄 것이다.

반면 이 책은 숙련된 프로그래머에게 그들이 하는 일을 더 잘 할 수 있도록 한다. 필자가 Go와 Elixir를 공부할 때 이 책에서 설명하는 프로그램을 사용하였으며, iOS를 개발할 때도 이 책에 있는 프로그램을 작성해 보았다. 그리고 같은 프로그램을 필자가 잘 아는 다른 언어로도 작성하였다. 필자는 자바스크립트와 루비에 능통하지만, 이 책의 프로그램을 다른 알고리즘이나 패턴을 사용하여 다른 방식으로 접근하는 것 자체가 아주 큰 도전이었다. 루비와 자바스크립트를 가르치기 시작했을 때, 많이 사용해 봤지만 확실하게 이해하지 못하고 있던 프로그래밍 언어의 고유 기능을 발견하고 설명할 수 있도록 이러한 프로그램들이 도와주었다. 그래서 만일 여러분이 숙련된 개발자라면 동일한 과정을 밟도록 권유하고 싶다.

일단 이 책의 프로그램을 Haskell로 작성해보기 바란다. 또는 이 프로그램 중 하나를 여러분이 알고 있는 모든 언어로 작성하여 그 결과를 비교해보자. 동료에게도 연습문제 중 하나를 주고 일주일 동안 풀도록 한 다음 서로의 해법을 비교해보자. 혹은 여러분의 팀에 새로 들어온 개발자에게 이러한 프로그램들이 멘토 역할을 할 수 있도록 사용하기 바란다.

> ☑ **교육자를 위한 설명**
>
> 고등학교나 전문대학 수준의 프로그래밍 개론을 가르치고 있다면, 과목을 진행할 때 이 책의 연습문제들이 유용할 것이다. 다만 이 책의 내용이 단순히 부가적인 과제로 사용되는 것은 원치 않는다. 이 책을 읽는 사람들이 서로의 답안을 공유하며 서로를 격려하기를 바라기 때문이다. 하지만 학생들이 함께 작업하는 상황에서 이 책의 예제를 수업시간에 사용하는 것은 권장한다. 이 연습문제들은 문제 기반의 학습 환경에서 잘 적용될 것이다.

이 책에 수록된 내용(그리고 수록되지 않은 내용)

이 책의 도입부에는 초급자들이 처음 프로그램을 배울 때 접할 수 있을 만한 문제에 도전하도록 구성되어 있다. 그래서 시작 부분에 있는 대부분의 프로그램은 아주 간단하며, 장이 진행될수록 점점 복잡해진다. 이 책의 연습문제를 풀어나가다 보면 프로그래밍의 기본적인 부분을 연습하면서 실력이 늘 것이다. 그 후에는 더 어려운 문제에도 즐겁게 도전하게 될 것이다. 그리고 새로운 프로그래밍 언어를 선택하는 것도 두렵지 않을 것이다.

첫 번째 섹션에서 프로그램은 단순히 몇 개의 입력을 받아 데이터를 처리하여 다른 모습의 출력을 만든다. 이를 통해 컴퓨터 프로그램이 입력과 출력 연산을 어떻게 다루는지를 경험해 볼 수 있다. 첫째 주에 접하는 프로그램들은 프로그래머 입문자 수준의 것들이 될 것이다.

다음으로 연산 프로그램을 작성한다. 이 중 일부는 방의 넓이를 계산하는 것처럼 아주 간단하지만, 나머지는 여러분이 회사 생활을 통해 접할 수 있을 법한 회계 및 의학적 계산이 필요하다. 이후에 의사 결정 로직과 반복 로직을 추가하고 함수까지 포함시키면서 프로그램의 복잡도를 더 높일 것이다. 그리고는 배열과 맵 같은 자료 구조를 사용하여 해결해야 하는 문제를 다룰 것이다. 이러한 프로그램들은 이미 해결한 문제에도 자료 구조 적용을 권할 것이다.

파일 입출력도 빼놓을 수 없을 것이다. 파일 입출력을 통해 파일에서 데이터를 읽고 처리한 다음, 다시 파일에 저장하는 과정을 훈련하게 될 것이다. 최근의 프로그램들이 외부 서비스를 사용하는 트렌드를 반영하여 써드파티(third-party) API를 사용하는 프로그램 몇 개도 다루게 될 것이다.

마지막으로 대규모 프로그램 몇 개를 제시하여 그동안 배운 지식을 총동원하도록 할 것이다.

이 책에서 나올 각각의 연습문제는 프로그램을 작성할 때 따라야 하는 몇 가지 제약 조건과, 프로그램을 작성한 다음 추가로 진행할 수 있는 도전 과제를 포함하고 있다. 만일 프로그램 작성 경험이 별로 없다면 도전 과제는 우선 건너뛰고 나중에 실력이 향상되었을 때 다시 도전하기 바란다. 하지만 연습문제가 너무 쉽다고 생각할 정도로 프로그래밍을 작성해 보았다면, 바로 도전 과제를 풀고 싶기도 할 것이다. 도전 과제 중 일부는 선택한 프로그래밍 언어에 따라 굉장히 어려울 수도 있다. 예를 들어 자바스크립트와 HTML을 사용한다면 GUI 버전의 프로그램을 작성하는 것이 쉬울 것이다. 하지만 자바를 사용한다면 GUI 버전의 프로그램을 만들기 위해 더 많은 과정이 필요할 것이다. 그러니 자신의 수준에 맞춰 도전 과제를 적절히 수정하기 바란다.

참고로 이 책에서는 프로그램의 해답을 제공하지 않는다. 그러나 아무리 어렵게 느껴지는 문제라도 여러분이 구할 수 있는 모든 자원을 동원하다 보면 어느 순간 자신만의 문제 해결 방법을 찾아낼 수 있을 것이다. 그리고 이것이 바로 이 책의 포인트이기도 하다.

　진짜 마지막으로! 여러분은 아마도 악명 높은 인터뷰 질문을 찾지 못할 것이다. 그리고 FizzBuzz 게임도 없다. 또한 바이너리 트리(binary tree)를 뒤집거나 quicksort 알고리즘을 만들 필요도 없다(물론 솔루션의 일부로 사용할 수도 있다). 만일 이와 같은 부분에 대한 지식이 필요하다면 다른 곳에서 찾아야 할 것이다. 이러한 종류의 문제들은 물론 그 가치가 있지만 가끔 매우 어려울 수 있는데, 이는 이 문제를 풀어야 하는 이유가 명확하지 않기 때문이다. 그런 문제들은 학습에 장애가 되고 접근하기 힘들게 만들 뿐이다.

　이 책에서 다루는 문제는 간단할 뿐만 아니라 여러분이 실생활에서 쉽게 접할 수 있는 문제이기 때문에, 코드를 작성하고 문제를 해결하는 연습을 하는 데 많은 도움이 될 것이다.

여러분에게 필요한 것

여러분에게 필요한 것은 여러분이 즐겨 쓰거나 혹은 한 번도 사용해보지 않은 개발환경이다. 이 책은 프로그래밍 언어에 구애받지 않기 때문에, 언어를 선택하고 이 언어의 참고 자료를 구한 다음 파고들기만 하면 된다. 이때, 여러분이 선택한 프로그래밍 언어가 이러한 프로그램들을 작성하는 과정의 난이도를 결정할 것이다. 예를 들어, 이 책을 파이썬이나 루비로 공부한다면 그래픽 사용자 인터페이스르 구현하는 것은 쉽지 않을 것이다. 그리고 브라우저에서의 자바스크립트를 선택한다면, 외부 파일과 웹 서비스를 사용하는 것이 다른 언어에 비해 훨씬 복잡할 것이다. 만일 객체지향을 넘어 함수형 프로그래밍 언어를 선택하였다면 문제에 접근하는 방법은 훨씬 달라질 것이다. 하지만 이러한 점들이 이 책의 연습문제가 제공하는 진짜 가치이다. 이 책의 연습문제가 여러분이 언어를 공부하고, 여러분이 이미 알고 있는 언어와 얼마나 다른지를 일러주는 데 많은 도움을 줄 것이다. 일부 프로그램은 써느바티 서비스를 사용하고 커뮤니티에 참여해야 하기 때문에 인터넷 접속이 필요하다는 것도 알아두자.

온라인 자원

이 책의 웹사이트에는 이 책에 대한 내용을 다른 개발자와 토론할 수 있는 포럼을 제공한다. 여러분이 선호하는 언어로 만든 솔루션을 게시하고 여러분의 솔루션을 다른 개발자와 논의하기 바란다. 프로그래밍의 가장 큰 매력 중 하나는 사람들이 문제를 해결하는 방법이 다양하고, 개발자마다 각자의 스타일이 있다는 것이다.

포럼 https://forums.pragprog.com/forums/402

> 옮긴이 저자는 문제 해결 방법을 스스로 찾아내도록 하기 위해 해답을 제공하지 않지만 처음 이 책을 접하고 막막해 할 독자를 위해 한국어판에서는 몇 가지 문제의 풀이를 제공하기로 했다. 이 풀이가 문제에 대한 유일한 답은 아니다. 풀이를 참고해서 자신만의 문제 해결 방법을 찾아보기 바란다. 풀이는 http://www.insightbook.co.kr/22885에서 다운 받을 수 있다.

1장

문제를 코드로 풀어내기

만일 여러분이 초보 프로그래머라면, 아마도 숙련된 개발자들이 문제를 바로 실행 가능한 코드로 만들어내는 모습에 놀랄 것이다. 하지만 실제 코드를 작성하는 행위 자체는 문제를 풀어내는 전체 과정의 일부에 지나지 않는다. 사실 문제를 풀기 위한 첫 번째 단계는 주어진 문제를 해결할 수 있는 단위로 쪼개는 것이다. 숙련된 프로그래머들은 문제 해결을 위해 편집기를 띄우고 바로 프로그램을 작성하는 것처럼 보일 것이다. 그러나 그 이면에는 그들이 수년간 수백, 수천 개의 문제 분석을 통해 축적한 자신만의 경험을 토대로, 주어진 문제를 자신이 해결할 수 있는 패턴으로 만들어내는 과정이 진행되는 것이다. 하지만 프로그래밍을 처음 시작하는 입장에서는 이와 같은 과정이 어떻게 이루어지는지 알 수 없는 노릇이다. 따라서 이번 장에서는 문제를 쪼개고, 이를 코드로 만들어 내는 방법을 설명할 것이다. 앞으로 이 책에서 소개할 모든 문제에 이번 장에서 설명하는 문제 해결 방법을 적용할 수 있을 것이다.

1.1 문제를 이해하기

무엇을 해야 하는지 확실히 파악할 수 있는 좋은 방법 중 하나는 적어보는 것이다. 만일 팁을 계산하는 팁 계산기 프로그램을 작성해야 한다면,

이것만으로 프로그램을 작성하는 데 필요한 정보를 모두 얻었다고 할 수 있을까? 아마도 몇 가지 추가 질문이 더 필요할 것이다. 이러한 과정을 전문적인 표현으로 "요구사항 수집"이라고 하는데, 그냥 쉬운 표현으로 프로그램에 필요한 기능을 파악하는 것으로 이해하면 된다.

그럼 문제가 요구하는 것을 더 명확하게 하기 위해 어떤 질문을 할 것인지 생각해보자. 이 프로그램을 만들기 위해 무엇을 더 알아내는 것이 좋을까?

질문을 생각해 보았다면 다음 질문과 비교해보자.

- 사용할 계산식은 무엇인가? 계산할 팁이 얼마나 되는지 설명할 수 있는가?
- 팁 비율은 얼마인가? 15%로 고정할 것인가 아니면 사용자가 설정할 수 있도록 할 것인가?
- 프로그램을 시작하면 화면에 어떤 내용을 표시하도록 할 것인가?
- 출력 값으로 화면에 무엇을 표시하도록 할 것인가? 팁과 합계를 모두 표시할 것인가, 합계만 표시할 것인가?

질문에 대한 답을 얻었다면 이제 문제 정의서를 적어보자. 이때 문제 정의서는 자신이 만들고자 하는 것을 정확하게 설명하고 있어야 한다. 그럼 우리가 작성할 프로그램에 대한 문제 정의서를 살펴보자.

간단한 팁 계산기를 작성하라. 이 프로그램은 가격과 팁 비율을 입력 받아야 한다. 그리고는 팁을 계산하여 팁과 전체 가격을 표시해야 한다.

출력 양식은 다음과 같다.

```
What is the bill? 200
What is the tip percentage? 15
The tip is $30.00
The total is $230.00
```

> ✓ **Joe의 질문: 복잡한 프로그램은 어떻게 하나요?**
>
> 커다란 프로그램을 자신이 다루기 쉬운 더 작은 기능 단위로 쪼개면 된다. 나누어진 기능들은 나중에 다시 묶을 수 있기 때문에 이와 같은 방법을 사용하면 문제 해결에 성공할 가능성이 훨씬 높아진다. 그리고 대다수의 복잡한 애플리케이션은 유기적으로 동작하는 작은 프로그램들이 조합된 형태인 경우가 많다. 리눅스의 프로그램들을 보면 어떤가? 하나의 프로그램의 출력은 다른 프로그램의 입력으로 사용될 수 있지 않은가?

이 시점에서 코딩 초보인 여러분이 텍스트 편집기를 열고 코딩할 준비를 하고 있다면 너무 서두르고 있는 것이다. 만일 여러분이 프로그램을 디자인하는 데 충분한 시간과 공을 들이지 않는다면, 프로그램이 동작은 하겠지만 좋은 품질을 보장할 수가 없다. 게다가 안타깝게도 프로그램이 바로 실전에 사용되는 일도 허다하다. 예를 들어 테스트도 하지 않고 계획이나 문서도 없이 만든 프로그램을 상사가 한번 보고 바로 상용화하라고 지시할 수도 있다. 이렇게 되면 계획도 없이 테스트도 거치지 않은 상태로 프로그램이 출시되는데, 대충 디자인한 프로그램이기 때문에 출시 후 프로그램에 대한 유지보수 및 확장이 엄청나게 힘들어질 것이다. 따라서 팁 계산기 예제를 통해 프로그램을 개발하는 제대로 된 프로세스를 익혀보자.

1.2 입력, 출력, 프로세스 찾아내기

모든 프로그램은 입력과 출력을 가지고 있으며, 이는 팁 계산기 같은 아주 간단한 프로그램부터 페이스북 같은 복잡한 애플리케이션에 이르기까지 모두 적용된다. 사실, 대규모 애플리케이션은 단순히 좀 더 작은 '프로그램'들이 서로 커뮤니케이션하는(하나의 프로그램의 '출력'이 다른 프로그램의 '입력'이 되는) 것의 묶음에 지나지 않는다.

　그래서 각각의 프로그램의 입력(Input), 출력(Output), 프로세스(Process)를 명확하게 한다면, 이러한 작은 프로그램들뿐만 아니라 전체 프로그램이 잘 동작하게 될 것이다. 이를 쉽게 하기 위해서는 명확하게 정의된 문제 정의서에서 동사와 명사를 유심히 보면 된다. 왜냐하면 명사는 입력과 출력이 되고, 동사는 프로세스가 될 것이기 때문이다. 그럼 다시 한번 팁 계산기의 문제 정의서를 살펴보자.

> 간단한 팁 계산기를 작성하라. 이 프로그램은 가격과 팁 비율을 입력 받아야 한다. 그리고는 팁을 계산하여 팁과 전체 가격을 표시해야 한다.

먼저, 명사를 찾아보자. 위 문장에 동그라미를 그리든 별도의 리스트를 만들든 상관없다. 필자가 고른 리스트는 다음과 같다.

명사
- 가격
- 팁 비율
- 팁
- 전체 가격

이번에는 동사를 살펴보자.

동사
- 입력 받아야
- 계산하여
- 표시해야

이렇게 해서 팁 계산기는 입력을 받고, 필요한 계산을 하고는, 그 결과를 표시해야 한다는 것을 알게 되었다. 이와 같이 명사와 동사를 살펴봄으로써 우리가 지금 어떤 질문을 받고 있는지에 대한 아이디어를 얻을 수 있다.

물론 문제 정의서가 항상 명확할 수만은 없다. 예를 들어 문제 정의서에 팁을 계산하여 팁과 전체 가격을 표시하라고 명시된 경우, 우리는 이 안에 결과를 얻기 위한 가격과 팁 비율도 필요하다는 것이 내포되어 있음을 파악할 수 있어야 한다. 이러한 과정은 소프트웨어를 제작할 때 넘어야 하는 난관 중 하나다. 문제 정의서에 문제를 해결하기 위해 필요한

모든 것이 담기지 않는 경우가 종종 발생한다. 하지만 프로그래밍 경험
이 쌓이면 쌓일수록 이러한 문제 정의서에 명시되지 않은, 행간의 숨은
의미를 찾아내는 능력도 점점 향상될 것이다.

이제 지금까지 얻은 단서를 통해 예제 프로그램에 필요한 입력, 출력,
프로세스를 명시해보자.

- 입력: 가격, 팁 비율
- 프로세스: 팁 계산
- 출력: 팁, 전체 가격

그럼 지금부터 코딩을 시작해도 될까? 아직은 아니다.

1.3 테스트를 통해 디자인 다듬기

소프트웨어를 디자인하고 개발하는 가장 좋은 방법 중 하나는 시작부
터 결과가 원하는 대로 나오는지 고민하는 것이다. 많은 프로 소프트웨
어 개발자가 이러한 정형화된 과정을 통해 프로그램을 개발하는데, 이
를 일컬어 테스트 주도 개발(Test Driven Development, 이하 TDD)이
라고 한다. TDD에서는 작성하고자 하는 프로그램의 출력 값, 혹은 대
규모 프로그램을 구성하는 개개의 프로그램의 출력 값들을 테스트하는
최소한의 코드를 작성하는데, 이러한 일련의 테스트를 통해 최초 설계
한 디자인에 맞게 프로그램이 동작하는지를 확인하고 예상치 못한 이슈
를 해결하는 데 큰 도움을 얻는다.

TDD를 적용하기 위해서는 사용하는 프로그래밍 언어에 대한 어느
정도의 이해와 함께 초기 개발자 딱지를 떼어낼 수 있을 만큼의 경력이
필요하다.

하지만 TDD의 본질은 프로그램의 결과가 예상한 대로 나오는지를
지속적으로 점검하는 것이기 때문에, 우리가 프로그램을 작성하기 전에
TDD를 고려한다는 것은 결국 최초의 요구사항 그 이후까지 생각한다
는 것이다. 그래서 표준 TDD의 규칙을 준수하지 못할지라도 간단한 '테

스트 계획서'를 작성하여 TDD의 많은 이점을 적용할 수 있다. 테스트 계획서에는 프로그램의 입력과 그에 따른 예상 결과를 명시한다.

그럼 예제 프로그램에 대한 테스트 계획서를 살펴보자.

```
Inputs:
Expected result:
Actual result:
```

테스트 계획서를 보면 먼저 프로그램 입력을 명시하고, 다음으로 프로그램이 나타내야 할 결과가 따라온다. 그리고 실제 프로그램을 동작시켜 얻은 결과를 예상 결과와 비교한다.

이번에는 팁 계산기를 가지고 테스트 계획서를 연습해보자. 어떻게 하면 프로그램의 출력을 알 수 있을까? 어떻게 하면 프로그램이 정확하게 계산하는지 알 수 있겠는가?

이제 우리가 할 일을 테스트 계획서를 사용하여 정의해보자. 먼저 아주 간단한 테스트 계획서를 작성한다.

```
Inputs:
  bill amount: 10
  tip rate: 15
Expected result:
  Tip: $1.50
  Total: $11.50
```

앞의 테스트 계획서에는 두 가지 내용이 들어 있다. 우선 입력은 두 개인데 bill amount 값으로 10을, tip rate 값으로 15를 받는다. 이를 통해 팁 계산 전에 10진수로 입력 받은 tip rate를 실제 퍼센트 수치로 바꾸어야 한다는 사실을 알 수 있다. 또한 팁과 전체 가격을 통화 양식에 맞추어 출력해야 한다는 것도 알 수 있다. 결론적으로 프로그램 내에서 적절한 변환 과정이 일어나도록 코딩해야 한다. 그러나 아직 이게 끝이 아니다. 만일 입력 값으로 11.25를 넣는다면 어떻게 해야 할까? 앞의 테스트 계획서를 따른다면 결과는 어떻게 나와야 할까? 11.25를 넣었을 때의 출력 값을 다음의 테스트 계획서에 넣어보자.

```
Inputs:
  bill amount: 11.25
  tip rate: 15
```

```
Expected result:
  Tip: ???
  Total: ???
```

만일 단순히 계산기를 가지고 팁을 계산했다면 아마도 팁 값으로 1.6875를 얻었을 것이다. 하지만 이것이 정말 현실적으로 맞다고 할 수 있을까? 그렇지 않을 것이다. 왜냐하면 센트 단위까지 맞추도록 반올림해주어야 하기 때문이다. 따라서 앞의 입력 값에 대한 테스트 계획서는 다음과 같이 작성해야 할 것이다.

```
Inputs:
  bill amount: 11.25
  tip rate: 15
Expected result:
  Tip: $1.69
  Total: $12.94
```

지금까지 한 것이 프로그램 기능 디자인을 위한 테스트다. 이를 통해 우리는 프로그램에 반올림 계산을 추가해야 한다는 것도 확인했다.

연습문제를 풀 때는 각 프로그램마다 적어도 4개 이상의 테스트 계획서를 작성하면서 사람들이 프로그램을 오작동하게 만들 수 있는 다양한 시나리오를 고민하는 데 시간을 투자하기 바란다. 복잡한 문제일수록 더 많은 테스트 계획서가 필요할 것이다.

TDD를 사용하고자 하는 숙련된 소프트웨어 개발자라면 이 책의 연습문제를 통해 사용하는 프로그래밍 언어에서 많이 통용되는 라이브러리와 툴을 충분히 익혀야 한다. 각 프로그래밍 언어별 테스트 프레임워크 목록은 위키피디아에서 확인할 수 있다. 또한 『Test Driven Development By Example』(Kent Beck, 2009)[1]에서는 테스트를 통해 코드 디자인 기법에 대한 인사이트를 얻는 방법을 소개하고 있다. 이 외에도 구글링을 통해 프로그래밍 언어별로 TDD와 관련된 다양한 정보를 얻을 수 있다.

팁 계산기 프로그램 기능에 대한 그림이 조금 더 명확해졌으니 이제 프로그램에 필요한 알고리즘을 작성하도록 하자.

---

1 (옮긴이) 이 책은 『테스트 주도 개발』(2014, 인사이트)로 번역되었다.

1.4 의사코드로 알고리즘 작성하기

알고리즘은 어떤 일을 실행하기 위해 필요한 명령(Operation) 세트를 순서대로 나열한 것을 일컫는다. 그래서 알고리즘을 선택하고 알고리즘에 따라 코드를 작성하면, 하나의 컴퓨터 프로그램을 완성하게 되는 것이다.

프로그래밍을 시작한 지 얼마 되지 않아 아직 프로그래밍 언어의 문법에 익숙하지 않다면, 의사코드(Pseudocode)로 알고리즘을 작성해보자. 의사코드는 영어와 유사한 문법으로 작성하기 때문에 조금 더 쉽게 로직을 고민할 수 있도록 도와준다. 게다가 의사코드는 초급 프로그래머만 사용하지 않는다. 숙련된 프로그래머도 종종 문제 해결을 위해 팀원들과 함께, 또는 혼자서 화이트보드에 의사코드를 쓰기도 한다.

의사코드를 작성하는 '왕도'는 없지만 많이 통용되는 용어가 몇 가지 있다. Initialize는 초기 값을 지정하는 데 사용되고, Prompt는 입력을 기다리고 있음을 표시하는 데 사용된다. 또한 Display는 현재 화면에 표시하는 내용을 알려줄 때 사용한다.

그럼 팁 계산기를 의사코드로 작성한 예를 살펴보자.

```
TipCalculator
  Initialize billAmount to 0
  Initialize tip to 0
  Initialize tipRate to 0
  Initialize total to 0

  Prompt for billAmount with "What is the bill amount?"
  Prompt for tipRate with "What is the tip rate?"

  convert billAmount to a number
  convert tipRate to a number

  tip = billAmount * (tipRate / 100)
  round tip up to nearest cent
  total = billAmount + tip

  Display "Tip: $" + tip
  Display "Total: $" + total
End
```

팁 계산기 프로그램의 알고리즘은 대충 이와 같을 것이다. 몇 개의 변수를 셋업하고, 입력 값으로 처리할 것들을 지정하고, 몇 가지 변환 작업을 한 다음 그 결과를 화면에 나타낸다. 아울러 변수 이름과 다른 문구들을 앞의 의사코드와 같이 가능한 한 상세하게 작성할 것을 권장한다. 이렇게 하면 프로그램의 결과를 더 명확하게 생각할 수 있기 때문이다.

그렇다면 의사코드를 작성하는 것이 프로그램을 작성하는 최선의 방법이라고 할 수 있을까? 꼭 그렇다고 볼 수는 없지만 분명히 도움이 된다. 의사코드를 작성하면 다른 개발자의 피드백을 받을 수 있고 이를 통해 상호 간의 커뮤니케이션 시간을 단축시킬 수 있다. 무엇보다 의사코드를 통해 프로그래밍 언어에 국한되지 않는 청사진을 제시할 수 있다. 앞의 의사코드 역시 어떤 프로그래밍 언어를 사용하는지를 고려하지 않고 있지만, 실제 프로그램을 작성할 때 변수 이름이나 출력 결과는 의사코드에서 사용된 내용이 차용되도록 가이드를 제시하고 있다.

이와 같은 방법을 통해 여러분의 프로그램 초안을 작성하고 그 프로그램이 동작하는 것을 확인하면, 코드 수정을 통해 프로그램 개선을 시작할 수 있다. 예를 들어, 프로그램을 여러 함수로 분할하거나 여러 과정을 통해 진행하던 수치 변환을 한 줄로 축약시키는 등의 개선이 이루어진다. 의사코드는 단지 계획을 세우는 도구일 뿐이라는 것을 잊지 말자.

1.5 코드 작성하기

드디어 여러분의 시간이 찾아왔다. 지금까지 배운 내용을 토대로 프로그램을 작성해보자. 이때 다음의 제약사항을 준수하도록 노력하자.

제약 조건

- 팁은 반드시 퍼센트 단위로 입력 받아야 한다. 예를 들어, 15%의 팁은 0.15가 아닌 15로 입력 받아야 한다. 여러분이 작성하는 프로그램은 이러한 입력 값을 적절히 처리해야 한다.
- 센트 단위로 반올림해야 한다.

만일 앞의 제약사항을 준수하기 어렵다면 먼저 제약사항을 반영하지 않은 프로그램을 먼저 작성한 다음 제약사항을 적용하기 바란다. 지금 진행하는 일련의 과정의 핵심은 연습과 발전이다.

아울러, 팁 계산기 예제가 너무 벅차다면 우선은 건너 뛰어 더 간단한 프로그램으로 실력을 쌓은 다음 다시 도전하기 바란다.

1.6 도전 과제

팁 계산기 프로그램의 기본 버전을 완성하였다면 다음의 도전 과제를 수행해 보자.

- 가격과 팁 비율 값으로 숫자만 입력할 수 있도록 수정해보자. 만일 숫자가 아닌 값을 입력하는 경우에는 적절한 메시지를 출력한 다음 프로그램이 종료하도록 하라. 샘플 테스트 계획서는 다음과 같다.

```
Input:
  bil amount: abcd
  tip rate: 15
Expected Result: Please enter a valid number for the bill amount.
```

- 잘못 입력된 값에 대한 메시지를 출력하고 프로그램을 종료하는 대신 허용되는 값이 입력될 때까지 계속해서 입력 요청을 하도록 수정해보자.
- 음수 값이 입력되지 않도록 프로그램을 수정해보자.
- 연산 부분을 함수로 처리하도록 프로그램을 분할해보자.
- 프로그램을 GUI 버전으로 개선하라. GUI 버전에서는 입력 값이 바뀌면 결과 값이 자동으로 반영되어 나타난다.
- 팁 비율을 퍼센트 단위로 입력 받은 대신 슬라이더를 사용하여 만족도에 따라 사용자가 조절할 수 있도록 수정해보자. 단, 슬라이더의 범위는 5%~20%이다.

1.7 앞으로는...

이번 장에서 습득한 전략을 앞으로 이 책에서 소개하는 모든 문제에 적용하여 최대한 많은 경험을 쌓도록 노력하기 바란다. 즉, 입력, 프로세스, 출력을 찾아보고, 다양한 테스트 계획서를 통해 디자인을 다듬고 의사코드를 작성한 다음 프로그램을 작성하는 것이다. 그런 다음 앞에서의 도전 과제를 적용하기 바란다. 혹은 자신만의 도전 과제를 적용하거나 같은 프로그램을 다양한 프로그래밍 언어로 작성하는 것도 좋겠다.

무엇보다 이렇게 익히는 과정 자체를 즐길 수 있었으면 좋겠다.

2장

입력, 프로세싱, 출력

사용자로부터 받은 입력 값을 무언가 의미 있는 값으로 변환시키는 것은 프로그래밍의 아주 기본적인 활동 중 하나이다. 소프트웨어 개발자들은 항상 데이터를 정보로 변환하는데, 이렇게 변환된 정보는 의사결정에 사용되기도 한다. 이때 데이터는 키보드, 마우스, 터치, 쓸어내기, 심지어는 게임 컨트롤러로부터 입력된다. 컴퓨터는 이러한 데이터에 반응하고 프로세싱하여 무언가 유익한 일을 해야 한다.

이번 장의 연습문제들은 사용자의 입력을 받아 그것을 처리한 후 출력물로 만드는 방법을 익히는 데 도움이 될 것이다. 여러분은 여러분이 사용하는 프로그래밍 언어를 시작하면서 문자열도 만들어보고 수학도 조금 다뤄봤을 것이다. 이 장에서 다룰 연습문제는 간단하지만, 이는 여러분이 프로그래머로서의 자질을 향상시키는 데 도움이 될 것이다. 장이 넘어갈수록 문제는 더욱 복잡해질 것이다.

각각의 연습문제는 추가 도전 과제를 제공하여 여러분이 의지만 있으면 언제든지 풀 수 있도록 하였다. 만일 프로그래밍이 처음이라면 일부 도전 과제는 여러분이 익숙하지 않은 기법을 사용하기를 요구할 것이다. 만일 잘 모르겠다면 그냥 넘어가도 좋다. 언제든지 나중에 다시 도전할 수 있기 때문이다.

그럼 이제부터 출발!

연습문제 1. **인사하기**

"Hello World" 프로그램은 프로그래밍 언어를 배울 때 가장 먼저 작성하는 프로그램이다. 하지만 이 프로그램에는 입력을 받는 부분이 없다.

그래서 여기에서는 여러분의 이름을 입력 받아 이름을 이용하여 인사말을 출력하는 프로그램을 작성해보자.

출력 예

```
What is your name? Brian
Hello, Brian, nice to meet you!
```

제약 조건

• 입력 부분, 문자열 연결(String concatenation) 부분, 출력 부분을 별도로 작성할 것

도전 과제

• 변수를 사용하지 않는 새로운 버전을 작성하라.

• 사람들마다 서로 다른 인사말이 나타나도록 프로그램을 작성하라. 이 도전 과제는 4장과 7장의 예제를 해결한 다음에 도전하면 더 좋다.

연습문제 2. 글자 수 세기

문자열을 입력 받은 다음 입력 받은 문자열과 문자열의 글자 수를 출력하는 프로그램을 작성하라.

출력 예

```
What is the input string? Homer
Homer has 5 characters.
```

제약 조건

- 출력 결과에는 입력 받은 문자열이 그대로 나타나도록 할 것
- 출력을 위해 하나의 출력문을 사용할 것
- 문자열의 길이를 구하기 위해 프로그래밍 언어에서 제공하는 내장 함수를 사용할 것

도전 과제

- 사용자가 아무 것도 입력하지 않은 채로 엔터 키를 치면 무엇이라도 입력하라는 메시지를 나타내보자.
- 이 프로그램을 GUI(그래픽 사용자 인터페이스) 버전으로 작성하여 글자를 입력할 때마다 글자 수가 바로 바로 업데이트되도록 하라. 만일 여러분이 사용하는 언어에 GUI 라이브러리가 없다면 HTML과 JavaScript를 사용하라.

연습문제 3. 따옴표 출력

큰따옴표는 문자열의 시작과 끝을 나타내는 용도로 자주 사용되지만, 가끔은 확장문자(escape character)를 사용하여 따옴표 자체를 출력할 일도 생긴다.

인용구와 그 말을 한 사람을 입력 받는 프로그램을 작성하라. 인용구와 사람 이름은 다음의 출력 예와 같이 나타내보자.

출력 예

```
What is the quote? These aren't the droids you're looking for
Who said it? Obi-Wan Kenobi
Obi-Wan Kenobi says, "These aren't the droids you're looking for."
```

제약 조건

- 한 개의 출력문만 사용하여 결과를 출력할 것. 이때 따옴표를 출력하기 위해 적절한 확장문자를 사용해야 한다.
- 만일 사용하는 프로그래밍 언어가 문자열 보간(String Interpolation)이나 문자열 대체(String Substitution)를 지원하는 경우라도 이 기능들을 사용하지 말고 그냥 문자열 연결(String Concatenation)을 사용할 것

도전 과제

- 7장에서 데이터 리스트에 대해서도 연습하게 될 것이다. 앞의 프로그램을 수정하여 사용자로부터 입력을 받는 대신 인용구와 이와 관련된 내용(사람 이름)을 담는 자료 구조를 만들어 모든 내용을 앞의 출력 예와 같이 나타내보자. 맵 형태의 배열을 사용하면 좋을 것이다.

연습문제 4. **Mad Libs**

Mad Libs는 간단한 게임으로, 누군가가 이야기 문장을 만드는 데 낱말이 들어갈 자리를 몇 군데 비워놓은 다음, 다른 사람이 빈 칸을 채워 전체 이야기를 만드는 것이다. 이렇게 해서 만들어진 이야기는 바보같은 내용이 되거나 웃긴 내용이 되기도 한다.

이제 명사, 동사, 형용사, 부사에 해당되는 단어를 입력 받은 후 여러분이 만든 이야기에 넣어 완성된 이야기를 출력해보자.

출력 예

```
Enter a noun: dog
Enter a verb: walk
Enter an adjective: blue
Enter an adverb: quickly
Do you walk your blue dog quickly? That's hilarious!
```

제약 조건

- 이 프로그램에서는 한 개의 출력문만 사용할 것
- 만일 사용하는 프로그래밍 언어가 문자열 보간이나 문자열 대체를 지원하는 경우, 출력문을 만드는 데 활용할 것

도전 과제

- 입력할 수 있는 단어를 더 늘려 이야기를 확장시켜보자.
- 대답에 따라 이야기가 만들어지는 브랜칭 스토리(Branching story)를 구현해보자. 브랜칭 스토리 개념은 4장 '의사 결정'에서 확인할 수 있다.

연습문제 5. 간단한 수학

간혹 숫자를 다루는 프로그램을 작성할 것이다. 이때 여러분이 사용하는 프로그래밍 언어에 따라 입력 값을 숫자로 변환해야 할 경우도 생길 것이다.

두 개의 숫자를 입력 받은 후, 두 숫자를 이용한 사칙연산 결과를 다음의 출력 예와 같이 나타내보자.

출력 예

```
What is the first number? 10
What is the second number? 5
10 + 5 = 15
10 - 5 = 5
10 * 5 = 50
10 / 5 = 2
```

제약 조건

- 문자열로 입력 받도록 할 것. 이렇게 받은 문자열 값은 사칙연산을 하기 전에 숫자 값으로 변환시켜야 한다.
- 입력 값과 출력 값 모두 숫자 변환 및 기타 프로세스에 영향을 받지 않도록 할 것
- 한 개의 출력문만 사용하여 적당한 위치에 줄바꿈 글자를 넣을 것

도전 과제

- 숫자만 입력되도록 프로그램을 수정해보자. 숫자가 아닌 값이 입력된 경우 진행되면 안 된다.
- 음수를 넣을 수 없도록 하라.
- 계산 부분을 함수로 구현해보자. 함수에 대해서는 5장 '함수'에서 확인할 수 있다.
- 앞의 프로그램을 GUI로 구현하여 숫자를 넣는 즉시 자동으로 계산 결과가 업데이트되도록 하라.

연습문제 6. **퇴직 계산기**

여러분의 컴퓨터는 올해가 몇 년인지 알고 있다. 즉, 프로그램에 연도 정보를 넣을 수 있다는 얘기다. 여러분은 단지 사용하는 프로그래밍 언어에서 어떻게 날짜 정보를 얻을 수 있는지만 조사하면 된다.

정년까지 몇 년 남았는지, 퇴직하는 해는 몇 년이 되는지를 계산하는 프로그램을 작성하라. 이 프로그램은 현재 나이와 퇴직하고자 하는 나이를 입력 받아 다음의 출력 예와 같이 나타낸다.

출력 예

```
What is your current age? 25
At what age would you like to retire? 65
You have 40 years left until you can retire.
It's 2015, so you can retire in 2055.
```

제약 조건

- (다시 언급하지만) 수학 계산에 사용하기 전에 입력 값을 꼭 숫자로 변환시킬 것
- 올해 년도를 프로그램에 직접 넣지 말 것. 대신 프로그래밍 언어를 통해 시스템 날짜를 구해서 사용할 것

도전 과제

- 이미 퇴직했을 나이를 입력하면 음수 값이 출력되는 상황이 발생하는데, 이 상황을 해결하도록 프로그램을 수정해보자.

지금까지 배운 내용

지금까지 풀어본 문제들은 아주 간단하지만 이 문제들을 통해 입력, 처리, 출력 부분이 서로 구분되도록 프로그램을 작성해야겠다는 생각이 들었으면 좋겠다. 간단한 프로그램의 경우 보통 단순 계산이나 문자열 연결은 출력문에 바로 넣고 싶을 때가 많다. 하지만 프로그램이 점점 복잡해질수록 이러한 부분을 나누어 재사용 가능한 컴포넌트로 만들어야겠다는 생각이 들 것이다. 그때쯤 되면 프로그래밍을 시작할 때 이렇게 훈련한 것에 감사하게 될 것이다.

그럼 다음 장으로 넘어가자. 이제 조금 더 어려운 수학과 직면하게 될 것이다.

3장

연산

앞서 기본적인 수학을 접하였는데, 여기서는 더 복잡한 수학을 다룬다. 이번 장의 연습문제들은 조금 더 도전적으로 접근해야 할 것이다. 즉, 수치 변환 수식을 가지고 작업할 뿐만 아니라 현실세계의 회계 프로그램도 다루기 때문이다.

이번 장의 프로그램들은 다음의 연산자 우선순위에 대한 여러분의 지식 수준을 시험하게 될 것이다. 연산자 우선순위를 외우기 위해서는 일반적으로 "Please Excuse My Dear Aunt Sally"나 PEMDAS로 외우는 등의 방법을 사용한다.[1]

- 괄호(Parentheses)
- 제곱(Exponents)
- 곱셈(Multiplcation)
- 나눗셈(Division)
- 덧셈(Addition)
- 뺄셈(Subtraction)

---

[1] 한국 사람들은 연산자 우선순위를 너무 잘 알고 있기 때문에 위와 같이 외우는 것은 더 큰 혼란을 초래할 것이다.

여러분이 원하건 원하지 않건 간에 컴퓨터는 항상 앞의 순서를 따른다. 그래서 이번 장에서 연습문제의 결과를 제대로 끌어내기 위해서는 괄호를 적절히 사용해야 할 것이다.

또한 여러분은 연습문제를 위해 테스트 계획서도 제대로 사용해야 한다. 왜냐하면 정밀도 이슈도 다룰 것이기 때문이다. 만일 많은 프로그래밍 언어에서 10진수를 가지고 작업을 한다면, 간혹 흥미로우면서도 예상치 못한 결과에 직면할 수도 있다. 예를 들면, 루비를 사용하여 0.1과 0.2를 더한 값을 구하면 다음과 같은 결과를 얻는다.

```
> 0.1 + 0.2
=> 0.30000000000000004
```

이러한 현상은 자바스크립트도 예외는 아니다. 게다가 곱셈은 더 가관이다. 다음 내용을 살펴보자.

```
> 1.25 * 0.055
=> 0.06875
```

이 답은 내림을 해서 0.06이 되어야 할까, 아니면 올림을 해서 0.07이 되어야 할까? 결과는 온전히 여러분의 비즈니스 규칙에 달려 있다. 만일 정수(Integer)를 사용한다면 반올림을 해야 할 것이다.

화폐 개념이 포함된 통화가 추가되면 더 복잡해진다. 신참 프로그래머가 접하는 가장 흔한 어려움 중 하나는 통화를 계산하기 위해 부동소수(Floating point)를 사용해야 한다는 것이다. 왜냐하면 부동소수를 사용하면 앞에서 루비를 사용하여 0.1과 0.2를 더했을 때와 같이 결과의 정확성이 떨어지기 때문이다.

이를 극복할 수 있는 대표적인 방법은 정수를 사용하여 금액을 나타내는 것이다. 즉, 1.25를 사용하는 대신 125를 사용하는 것이다. 이렇게 해서 정수로 연산을 한 다음 마지막으로 원래의 자릿수로 만드는 것이다. 다시 루비로 작성한 예를 살펴보자.

```
> cents = 1.25 * 100.0
=> 125.0
> tax = cents * 0.055
```

```
=> 6.875
> tax = tax.round / 100.0
=> 0.07
```

아마도 앞의 방법보다 더 정확하게 구하는 방법을 찾게 될 수도 있을 것이다. 이러한 부동소수의 부정확성 문제는 많은 프로그래밍 언어에서 존재한다. 그래서 화폐 및 통화 계산을 더욱 잘 할 수 있도록 라이브러리를 제공한다. 예를 들어 자바는 BigDecimal이라는 데이터 타입이 있는데, 이 타입은 필요한 형태로 반올림 유형을 지정할 수 있게 한다. 이렇게 통화와 관련된 문제를 다룰 때는 어떻게 하면 정확도를 향상시킬 수 있는지 충분히 고민해야 한다. 현실세계와 관련된 문제, 특히 회계 업무와 관련된 문제를 다룰 때는 지금 해결하는 문제가 속해 있는 비즈니스에서는 반올림 정책이 어떤지를 파악해야 한다.

문제를 풀기에 앞서 마지막으로 언급할 것이 있다. 이번 장의 연습문제는 계속해서 반복되는 느낌이 들 것이다. 하지만 초급자에게는 빠르게 실력을 쌓기 위해 반복 연습만큼 좋은 것이 없을 것이다. 스포츠에서 반복해서 훈련하는 것이나 코드를 반복해서 연습하는 것이나 목적은 동일하다. 비슷한 문제를 계속해서 풀어봄으로써 문제 해결 능력을 향상시킬 뿐만 아니라 문제를 해석하는 속도도 빨라질 것이다.

연습문제 7. 직사각형 방의 면적

글로벌 환경에서 일을 하다 보면 국제표준 단위와 피트/야드 단위로 정보를 나타내야 할 일이 생길 것이다. 물론 어느 시점에 도량형을 변환해야 가장 정확한 값을 구할 수 있는지도 알아야 할 것이다.

방의 면적을 계산하는 프로그램을 작성하라. 방의 길이와 폭을 피트 단위로 입력 받은 다음 제곱피트와 제곱미터로 면적을 나타내보자.

출력 예

```
What is the length of the room in feet? 15
What is the width of the room in feet? 20
You entered dimensions of 15 feet by 20 feet
The area is
300 square feet
27.871 square meters
```

제곱피트에서 제곱미터로 변환하는 식은 다음과 같다.

$$m^2 = f^2 \times 0.09290304$$

제약 조건

- 출력문과 계산부분을 분리할 것
- 상수를 사용하여 변환 상수를 저장할 것

도전 과제

- 입력 값으로 숫자만 받을 수 있도록 프로그램을 수정해보자. 숫자가 입력될 때까지 진행되지 않도록 하라.
- 입력 값이 피트 단위인지 미터 단위인지를 선택하는 새로운 버전을 만들어 보자.
- 이 프로그램을 GUI 버전으로 구현하여 입력 값이 변경되는 즉시 바로 결과가 업데이트되도록 하라.

연습문제 8. 피자 파티

나눗셈은 항상 딱 떨어지지만은 않기 때문에 종종 소수 대신 몫과 나머지를 다루는 프로그램을 작성해야 할 때도 있다.

피자를 정확하게 나누는 프로그램을 작성하라. 사람 수, 피자 개수, 조각 개수를 입력 받는데, 이때 조각 개수는 짝수여야 한다. 일단 한 사람이 받게 되는 피자 조각 개수를 출력해보자. 만일 남는 조각이 있다면 그 개수도 나타내보자.

출력 예

```
How many people? 8
How many pizzas do you have? 2

How many pieces are in a pizza? 8
8 people with 2 pizzas
Each person gets 2 pieces of pizza.
There are 0 leftover pieces.
```

도전 과제

- 입력 값으로 숫자만 받을 수 있도록 프로그램을 수정해보자. 숫자가 입력될 때까지 진행되지 않도록 하라.
- 출력 내용을 변경하여 수일치가 되도록 하라.

  예)

    Each person gets 2 pieces of pizza

  또는

    Each person gets 1 piece of pizza

  남은 피자 조각도 위와 같이 수일치를 하여 출력되도록 하라.
- 사람 수와 한 사람당 원하는 피자 조각 수를 입력 받은 다음, 피자를 몇 판 구매해야 하는지 계산하는 프로그램을 작성하라.

연습문제 9. 페인트 계산기

가끔은 반올림 대신 올림을 해야 하는 경우도 있다.

천장을 칠하는 데 필요한 페인트 양을 구하는 프로그램을 작성하라. 길이와 폭을 입력 받은 다음, 1리터에 9m²를 칠한다고 가정하여 계산하자. 그리고 천장을 칠하는 데 필요한 페인트 양을 정수로 표현해보자.

출력 예

```
You will need to purchase 2 liters of
paint to cover 10 square meters.
```

반드시 1리터짜리 통 단위로 페인트를 구매해야 한다. 그렇기 때문에 이 문제를 해결하기 위해서는 반드시 올림을 해야 한다.

제약 조건

- 상수를 사용하여 변환 상수를 저장할 것
- 반드시 올림을 해서 정수 단위로 구할 것

도전 과제

- 입력 값으로 숫자만 받을 수 있도록 프로그램을 수정해보자. 숫자가 입력될 때까지 진행되지 않도록 하라.
- 원 모양의 방도 계산할 수 있도록 하라.
- ㄴ자 모양의 방도 계산할 수 있도록 하라.
- 모바일 버전으로 프로그램을 작성하여 철물점에서 사용할 수 있도록 하라.

연습문제 10. 셀프계산대

다수의 입력 값으로 금액 계산을 하다 보면 간혹 정확성에 문제가 생기기도 한다.

간단한 셀프계산대 시스템을 만들어 보자. 세 가지 물건의 가격과 수량을 각각 입력 받은 다음 소계를 구하고 소계에 대한 5.5%의 세금을 계산하자. 그리고 물건 종류별 수량과 전체 수량을 출력한 후 가격 소계, 세금, 합계 금액을 출력하자.

출력 예

```
Price of item 1: 25
Quantity of item 1: 2
Price of item 2: 10
Quantity of item 2: 1
Price of item 3: 4
Quantity of item 3: 1
Subtotal: $64.00
Tax: $3.52
Total: $67.52
```

제약 조건

- 입력 부분, 계산 부분, 출력 부분을 프로그램에서 모두 구분되게 작성할 것. 즉, 입력 값을 모두 받은 다음 계산을 하고, 출력할 문자열을 생성한 후 최종 결과를 출력하자.
- 계산을 시작하기 전에 반드시 입력 값을 숫자 데이터로 변환시킬 것

도전 과제

- 입력 값으로 숫자만 받을 수 있도록 프로그램을 수정해보자. 숫자가 입력될 때까지 진행되지 않도록 하라.
- 제한되지 않은 개수의 물건을 입력 받을 수 있도록 프로그램을 수정해보자. 즉, 물건에 대한 내용이 입력되지 않을 때까지 입력을 받고 세금과 합계 금액을 계산하자.

연습문제 11. 환율 변환

때에 따라서는 환율을 다루는 경우도 생길 것이다. 이 경우 최대한 정확하게 계산되도록 해야 한다.

환율을 변환하는 프로그램을 작성하라. 여기에서는 유로에서 미국 달러로 변환시킨다. 먼저 유로 금액을 입력 받은 다음 유로 환율을 입력받는다. 그리고는 유로에 해당하는 미국 달러 값을 출력한다. 환율 변환식은 다음과 같다.

$$amount_{to} = \frac{amount_{from} \times rate_{from}}{rate_{to}}$$

- $amount_{to}$는 변환될 미국 달러 가격이다.
- $amount_{from}$은 유로 가격이다.
- $rate_{from}$은 현재의 유로 환율이다.
- $rate_{to}$는 현재의 미국 달러 환율이다.[2]

출력 예

```
How many Euros are you exchanging? 81
What is the exchange rate? 137.51
81 Euros at an exchange rate of 137.51 is
111.38 dollars
```

제약 조건

- 센트를 기준으로 하는 소숫점 다음에 숫자가 있을 때는 센트를 기준으로 올림 처리를 할 것
- 한 개의 출력문만 사용할 것

도전 과제

- 환율표를 프로그램에 넣은 다음 환율 대신 국가 이름을 입력 받도록 프로그램을 수정해보자.
- 애플리케이션에 별도의 API를 적용하여 현재의 업데이트된 환율을 적용하는 프로그램으로 수정해보자.

---

2 일반적으로 자국의 환율 $rate_{to}$는 100이다.

연습문제 12. 단리 계산

단리를 계산하는 것은 투자에 대한 수익이 있는지를 빠르게 판단할 수 있는 아주 훌륭한 방법이다. 마찬가지로 프로그램의 명령 순서대로 명확하게 코딩을 하는 것도 마음이 편안해지도록 만들 수 있는 좋은 방법이다.

단리를 계산하는 프로그램을 작성하라. 원금을 입력 받은 다음 이자를 퍼센트 단위로 입력 받고, 기간을 연단위로 입력 받은 후 원리금(원금+이자)을 출력해보자.

단리 공식은 다음과 같다.

$$A = P(1+rt)$$

- P: 원금
- r: 연이율
- t: 기간(연단위)
- A: 원리금

출력 예

```
Enter the principal: 1500
Enter the rate of interest: 4.3
Enter the number of years: 4
After 4 years at 4.3%, the investment will be worth $1758
```

제약 조건

- 연이율은 반드시 퍼센트 단위로 입력 받은 후(예: .15가 아니라 15) 프로그램에서 입력 값을 100으로 나누어 계산할 것
- 센트를 기준으로 하는 소숫점 다음에 숫자가 있을 때는 센트를 기준으로 올림 처리할 것
- 출력되는 원리금은 화폐 단위로 출력할 것

도전 과제

- 입력 값 원금, 이율, 기간은 모두 숫자로만 받을 수 있도록 프로그램을 수정해보자. 숫자가 입력될 때까지 진행되지 않도록 하라.

- calculateSimpleInterest라는 이름의 함수를 만들어 사용하도록 프로그램을 수정해보자. 이 함수는 원금, 이율, 기간을 파라미터로 받으며 원리금을 반환한다.
- 기간 도래 후의 원리금만을 출력하는 대신 매년 원리금의 변화를 알 수 있도록 연단위로 원리금을 출력하도록 프로그램을 수정해보자.

연습문제 13. 복리 계산

단리는 신속히 수익을 계산할 때만 사용하고 대부분의 투자는 더 정확한 결과를 위해 복리로 계산한다. 복리 계산을 위해서는 프로그램에서 거듭제곱 계산을 필요로 한다.

복리를 통해 투자 수익을 계산하는 프로그램을 작성하라. 프로그램은 원금, 투자 기간, 연이율, 연간 수익이 지급되는 횟수를 입력 받는다.

이 프로그램이 사용하는 복리 공식은 다음과 같다.

$$A = P\left(1 + \frac{r}{n}\right)^{nt}$$

- P: 원금
- r: 연이율
- t: 투자 기간(연단위)
- n: 연간 이자 지급 횟수
- A: 원리금

출력 예

```
What is the principal amount? 1500
What is the rate: 4.3
What is the number of years: 6
What is the number of times the interest
is compounded per year: 4
$1500 invested at 4.3% for 6 years compounded 4 times per year is
$1938.84
```

제약 조건

- 연이율은 반드시 퍼센트 단위로 입력 받은 후(예: .15가 아니라 15) 프로그램에서 입력 값을 100으로 나누어 계산할 것
- 센트를 기준으로 하는 소숫점 다음에 숫자가 있을 때는 센트를 기준으로 올림 처리할 것
- 출력되는 원리금은 화폐단위로 출력할 것

도전 과제

- 입력 값으로 숫자만 받을 수 있도록 프로그램을 수정해보자. 숫자가

입력될 때까지 진행되지 않도록 하라.

- 목표 원리금을 입력하면 필요한 초기 투자 원금을 계산하도록 프로그램을 수정해보자.
- 이 프로그램을 GUI 버전으로 구현하여 입력 값이 변경되는 즉시 바로 결과가 업데이트되도록 하라.

지금까지 배운 내용

이번 장에서는 많은 프로그래머들이 하는 것처럼 어떠한 수식을 코드로 변환하는 작업을 하였다. 아마도 여러분은 견적서 및 보고서 작성, 세금 계산, 환율 변환이나 지도상의 두 지점 간 거리를 구하는 것 같은 조금 더 복잡한 문제를 해결하게 될 것이다. 하지만 여러분이 코드를 작성하는 방법을 배우는 시기에는 수식을 알고리즘으로 변환시키는 일을 하지 않는다.

프로그래머들이 매일같이 하는 일이 있는데, 그것은 컴퓨터로 하여금 값을 비교하여 결과에 따라 일을 하도록 하는 것이다. 다음 장에서는 이러한 내용에 대해 알아보고 연습문제도 풀어볼 것이다.

의사결정

지금까지 작성한 프로그램들은 아주 간단한 형태였다. 하지만 가끔 사용자가 입력한 값에 따라 결정해야 할 일이 생기는데, 이 시점부터 프로그래밍은 더 도전적인 것이 되기 시작한다. 프로그램은 길어지고 더 복잡해지며, 테스트를 하는 것이 점점 어려워지기 때문이다. 이때부터 테스트 계획서가 중요해진다. 프로그램의 정확성을 보장하기 위해 가능한 한 모든 입력에 테스트를 해야 한다.

그렇다면 프로그램에서 의사결정은 어떻게 해야 할까? 대부분의 프로그래밍 언어는 어떤 값과 다른 값을 비교할 수 있도록 if문을 제공한다. 자바스크립트에서의 if문은 다음과 같이 나타난다.

```
if (userInput === 'Hello') {
    // 조건에 해당하는 일을 한다.
}
```

입력 값이 Hello라면 중괄호 코드가 실행된다. 이것은 '간단한' if문이다. 즉, 조건에 맞지 않는 입력 값이 들어오면 아무런 일도 일어나지 않는다. 이렇게 동작하기를 원하는 경우도 있겠지만 간혹 조건에 맞지 않는 값이 들어왔을 때 행동해야 할 일을 정의하고 싶을 때도 있을 것이다. 이럴 때 사용하는 것이 else문이다.

```
if (userInput === 'Hello') {
  // 조건에 해당하는 일을 한다.
} else {
  // 조건에 해당하지 않을 경우에 하도록 지정한 일을 한다.
}
```

그리고 가끔은 '양자택일' 이상의 선택을 해야 할 때도 있다.

```
if (userInput === 'Hello') {
  // 첫 번째 조건에 해당하는 일을 한다.
} else if (userInput === 'Goodbye') {
  // 첫 번째 조건과는 다른 일을 한다.
} else {
  // 이도 저도 아닌 경우에 하는 일을 한다.
}
```

만일 선택해야 하는 경우가 많다면 switch문을 사용하는 것이 훨씬 좋을 것이다.

```
switch(userInput) {
  case: "Hello"
    // 첫 번째 조건에 해당하는 일을 한다.
    break;
  case: "Goodbye"
    // 첫 번째 조건과는 다른 일을 한다.
    break;
  case: "How was your day?"
    // 위 두 조건과는 다른 일을 한다.
    break;
  default:
    // 이도 저도 아닌 경우에 하는 일을 한다.
}
```

대규모 프로그램에서는 각각의 경우마다 다른 계산을 해야 할 수도 있으며, 여러 단계를 거쳐야 할 수도 있다. 또한 if문은 다른 if문 안에 중첩해서 사용할 수도 있다. 때로는 이런 구문을 사용할 때도 있을 것이다. 하지만 중첩된 if문을 남용하면 읽기 어려운 코드가 될 뿐만 아니라 시간이 갈수록 유지보수가 힘들어질 것이다. 그렇게 되면 아마도 좀 더 쉽게 관리할 수 있는 코드를 만들기 위해 다양한 의사결정 프로세싱 솔루션을 찾아보게 될 것이다.

하지만 코드를 작성하는 것은 문제 해결에 있어 작은 부분일 뿐이다. 무엇을(어떤 코드를) 작성해야 하는지를 파악하는 것이 더 어려운 문제다. 순서도(flowchart)는 해결하고자 하는 문제를 시각화하는 데 도움을 줄 수 있기 때문에 조건문 로직에 대한 생각을 정리할 때 아주 편리하다.

예를 들어, 100보다 큰 수를 입력하라고 표시한 다음 입력 받은 숫자가 100보다 크면 "Thank you"를, 그렇지 않으면 "That's not correct"를 출력하는 프로그램을 작성해야 한다면 다음과 같은 순서도를 그릴 수 있을 것이다.

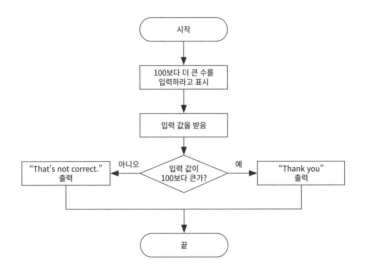

이렇게 순서도를 그리고 나면 의사코드를 작성하기가 한결 수월해질 것이다.

```
Initialize output to ""
Initialize userInput to ""
Prompt for userInput with "Enter a number greater than 100"

IF userInput is greater than 100 THEN
  output = "Thank you."
ELSE
  output = "That's not correct."
END

Display output
```

이러한 접근 방식은 문제를 더 잘 이해하도록 도와주어 원하는 해결 방법을 찾는 데 도움을 준다. 다시 한번 알고리즘을 살펴보자. 의사코드에서 무언가 중요한 부분을 발견하였는가?

앞의 의사코드에는 사용자의 입력 값을 비교하기 전에 입력된 문자열 값을 숫자로 변환하는 부분이 빠졌다. 프로그래밍 언어 중에는 이러한 오류를 알아서 검출하는 것도 있겠지만, 어떤 언어들은 논리적인 오류를 안은 채 그대로 진행할 것이다. 여기서 아주 중요한 점이 있는데, 코드를 작성하느라 시간을 소비하기 전에 순서도와 의사코드를 작성하여 신속하게 필자의 의도를 여러분과 커뮤니케이션할 수 있었다는 것이다. 그 결과 여러분은 로직에 빠진 부분이나 결함을 찾을 수 있었다.

이번 장의 연습문제를 푸는 동안 프로그램에 필요한 알고리즘을 결정하기 위해 순서도와 의사코드를 사용하도록 노력한 다음 코드로 변환하기 바란다. 여기서는 "만일 이런 일이 생기면 이것을 실행할 것" 같은 간단한 조건문을 사용하는 문제부터 해결하게 될 것이다. 그리고는 '양자택일'을 하는 경우를 다룬 후, 점점 복잡한 문제를 풀게 되어 결국에는 하나의 선택이 다른 조건문을 일으키는 상황까지 가게 될 것이다. 이때가 되면 지금까지 살펴본 계획 도구를 유용하게 사용할 수 있을 것이다.

연습문제 14. 세금 계산기

간단한 문제를 해결하기 위해 항상 복잡한 제어 구조를 사용할 필요는 없다. 때로는 프로그램은 한 가지 예외 상황에 대한 처리만을 요구하고 나머지 경우에는 아무 일도 하지 않아도 된다.

입력한 가격에 대한 세금을 계산하는 간단한 프로그램을 작성하라. 프로그램은 주문 가격과 함께 주(州, State) 이름을 입력 받는데, 주 이름이 'WI'인 경우 세율은 5.5%가 된다. 프로그램은 위스콘신 주 거주자에 해당하는 소계, 세율, 합계 금액을 출력하지만 다른 주에 거주하는 경우에는 합계 금액만을 출력한다.

출력 예

```
What is the order amount? 10
What is the state? WI
The subtotal is $10.00
The tax is $0.55
The total is $10.55
```

또는 다음과 같이 작성할 수 있다.

```
What is the order amount? 10
What is the state? MN
The total is $10.55
```

제약 조건

- 오직 if문만 사용하여 작성할 것(else문을 절대 사용해서는 안됨)
- 모든 금액은 가장 가까운 센트로 반올림할 것
- 프로그램의 마지막에 한 개의 출력문만 사용하여 결과를 출력할 것

도전 과제

- 주 이름의 약어를 대소문자가 섞인 상태로 입력해도 되도록 프로그램을 수정해보자.
- 주 이름 전체를 대소문자가 섞인 상태로 입력해도 되도록 프로그램을 수정해보자.

연습문제 15. **암호 검증**

암호는 미리 저장한 값과 사용자가 입력한 값을 비교하는 것으로 검증한다. 그래서 암호는 맞거나 틀리는 경우만 발생한다.

사용자 로그인 증명을 검증하는 간단한 프로그램을 작성하라. 프로그램은 사용자 이름과 암호를 입력 받은 다음, 미리 저장된 사용자 이름에 대한 암호를 비교하여 암호가 일치하면 "Welcome!"을, 그렇지 않으면 "That password is incorrect."를 출력한다.

출력 예

```
What is the password: 12345
That password is incorrect.
```

또는

```
What is the password: abc$123
Welcome!
```

제약 조건

- 이 문제를 해결하기 위해 if/else문을 사용할 것
- 사용자 이름과 암호는 대소문자를 구별하도록 할 것

도전 과제

- 암호를 입력할 때 화면에 아무것도 나타나지 않도록 하기 위해서는 어떻게 해야 할지 고민해보자.
- 사용자 이름과 암호로 구성된 지도(Map)를 만들어 사용자 이름과 암호 조합을 찾도록 하라.
- 암호를 평문으로 저장하는 대신 비크립트(Bcrypt)[1]를 이용하여 암호화한 다음 저장하자. 그리고는 사용자로부터 입력 받은 암호를 비크립트로 동일하게 암호화한 후 지도에 저장된 암호와 비교하도록 프로그램을 수정해보자.

---

1 Bcrypt는 Blowfish 알고리즘을 기반으로 만들어진 암호화 기법이다.

연습문제 16. 합법적으로 운전 가능한 연령

이제 값이 같은지 다른지를 테스트하는 것은 문제없을 것이다. 하지만 어떤 값에 대한 숫자 크기를 비교하여 숫자가 너무 작거나 크면 메시지를 출력하도록 해야 하는 경우도 있을 수 있다.

나이를 입력 받아 미국법상 운전 가능한 나이인 16세와 비교하여 16 이상이면 "You are old enough to legally drive."라고 출력하고, 16 미만이면 "You are not old enough to legally drive."라고 출력하는 프로그램을 작성하라.

출력 예

```
What is your age? 15
You are not old enough to legally drive.
```

또는 다음과 같이 작성할 수 있다.

```
What is your age? 35
You are old enough to legally drive.
```

제약 사항

- 한 개의 출력문만 사용할 것
- 3항 연산자[2]를 사용할 것. 사용하는 프로그래밍 언어가 3항 연산자를 지원하지 않는다면 일반적인 if/else문을 사용할 것. 하지만 여전히 메시지를 출력하는 출력문은 한 개만 사용할 것

도전 과제

- 0보다 작은 값을 입력하거나 숫자가 아닌 값을 입력하면 올바른 나이를 입력하라는 에러 메시지를 출력해보자.
- 프로그램 로직에 운전 가능한 나이를 코드 안에 넣는 대신 나라별 운전 가능한 연령을 조사하여 테이블로 구성한 다음, 나이와 국가를 입력 받아 해당 국가에서 운전을 할 수 있는지를 출력하도록 프로그램을 수정해보자.

---

2 피연산자 세 개를 사용하는 연산자로 C언어의 경우 ?: 연산자가 있다.

연습문제 17. 혈중 알코올 농도 계산기

때로는 입력 값에 따른 결과 값을 가지고 무언가를 결정하기 위해 복잡한 계산을 수행해야 하는 경우가 생긴다.

몸무게, 성별, 음주량(잔 수), 마신 술에 해당하는 알코올량, 마지막으로 술을 마신 후 경과 시간을 입력 받은 다음 다음 식을 이용하여 혈중 알코올 농도(Blood Alcohol Content, BAC)를 구하는 프로그램을 작성하라.

$$BAC = (A \times 5.14 / W \times r) - .015 \times H$$

- A: 총 알코올 소비량(온스(oz) 단위)
- W: 몸무게(파운드 단위)
- r: 성별에 따른 알코올 흡수비 계수
  - 0.73: 남자
  - 0.6: 여자
- H: 술을 마신 후 경과 시간

(미국에서) 법적으로 운전 가능한 BAC 값인 **0.08** 미만인지를 비교하여 운전 가능 여부를 출력해보자.

출력 예

```
Your BAC is 0.08
It is not legal for you to drive.
```

제약 조건

- 숫자 값에 숫자가 입력되도록 보장할 것

도전 과제

- 국제 표준 규격을 사용할 수 있도록 프로그램을 수정해보자.
- 거주하고 있는 미국 주를 입력 받아 미국 주별 BAC 허용 수치와 비교한 다음, 현재 거주하고 있는 주에서의 운전 가능 여부를 출력하도록 수정해보자.

- 이 프로그램을 모바일 버전으로 작성하여 술을 한 잔씩 마실 때마다 쉽게 기록할 수 있도록 하고, 이에 따른 BAC 값을 자동으로 업데이트하자.

연습문제 18. 온도 변환

가끔은 프로그램의 어떤 부분이 사용자 입력이나 다른 이벤트에 의해 수행되도록 할 것인지를 결정해야 한다.

　화씨온도와 섭씨온도를 서로 변환시키는 프로그램을 작성하라. 먼저 변환할 타입을 입력 받은 다음 온도를 입력 받아 해당 타입으로 변환시키자.

　여기에서 사용하는 공식은 다음과 같다.

$$C = (F-32) \times 5/9$$

$$F = (C \times 9/5) + 32$$

출력 예

```
Press C to convert from Fahrenheit to Celsius.
Press F to convert from Celsius to Fahrenheit.
Your choice: C

Please enter the temperature in Fahrenheit: 32
The temperature in Celsius is 0.
```

제약 사항

- C와 F는 대소문자에 관계없이 입력 받을 수 있도록 할 것
- 출력문의 개수를 최소화하면서도 출력 문자열을 반복해서 사용하지 않도록 할 것

도전 과제

- 입력 값으로 숫자만 받을 수 있도록 프로그램을 수정해보자. 숫자가 입력될 때까지 진행되지 않도록 하라.
- 계산만을 수행하는 함수를 만들어 프로그램을 분리하라.
- 이 프로그램을 GUI 버전으로 구현하여 입력 값이 변경되는 즉시 결과가 업데이트되도록 하라.
- 절대온도(Kelvin temperature)도 지원하도록 프로그램을 수정해보자.

연습문제 19. BMI 계산기

가끔은 하나의 값이 어떤 범위에 있는지를 확인하고 그 결과에 따라 프로그램의 흐름을 변경시켜야 하는 일이 생길 것이다.

사용자로부터 사람의 키(인치 단위), 몸무게(파운드 단위)를 입력 받아 체질량지수(BMI, Body Mass Index)를 계산하는 프로그램을 작성하라.

BMI 계산공식은 다음과 같다.

$$bmi = (weight / (height \times height)) * 703$$

BMI 값이 18.5에서 25 사이로 나타나면 이 사람은 정상적인 몸무게라고 출력하고, 그렇지 않은 경우에는 과체중이나 저체중으로 나타낸 다음 의사와 상의하라는 문구도 출력해보자.

출력 예

```
Your BMI is 19.5.
You are within the ideal weight range.
```

또는

```
Your BMI is 32.5.
You are overweight. You should see your doctor.
```

제약 조건

- 입력 값으로 숫자만 받을 수 있도록 하여 숫자가 입력될 때까지 진행되지 않도록 할 것

도전 과제

- 사용자 인터페이스에서 인치/파운드 단위와 국제표준 단위를 모두 입력 받을 수 있도록 프로그램을 수정해보자. 국제표준 단위를 계산하기 위해 수식을 변경해야 할 것이다.
- 인치/파운드 단위의 경우 피트와 인치 값을 섞어서 받은 다음 계산할 때 자동으로 인치 값으로 변환하여, 사용자가 굳이 인치 값으로 바꾸지 않아도 되도록 프로그램을 수정해보자.

- GUI 버전으로 구현할 때 키와 몸무게에 대한 슬라이드를 인터페이스로 사용하도록 하라. 그래서 슬라이드를 움직일 때 바로 결과가 업데이트되도록 하라. 또한, 건강 상태에 따라 건강을 나타내는 출력 문장의 색깔을 다르게 해보자.

연습문제 20. **여러 주를 지원하는 세금 계산기**

더 복잡한 프로그램은 조건문 안에 조건문이 들어가기도 한다. 그래서 어떤 결정이 이루어지기 위해서는 추가 결정도 이루어져야 한다.

여러 주와 하나의 주 내에 있는 카운티에 따라 달라지는 세금 계산기를 작성하라. 먼저 주문 가격을 입력 받고 주문할 주를 입력 받는다.

위스콘신 주의 경우에는 카운티를 추가로 입력 받는다.

- Eau Claire 카운티의 경우 추가로 0.005의 세금을 더한다.
- Dunn 카운티의 경우 추가로 0.004의 세금을 더한다.

일리노이 주의 경우에는 8%의 세금을 부과하며 카운티 세금은 부과하지 않는다. 나머지 다른 주는 추가 세금을 받지 않는다. 이렇게 입력 받은 내용을 계산하여 위스콘신과 일리노이 주에 대해서는 세금과 세금이 포함된 총 금액을 출력하고, 나머지 주에 대해서는 세금이 포함된 총 금액만 출력한다.

출력 예

```
What is the order amount? 10
What state do you live in? Wisconsin
What county do you live in? Eau Claire
"The state tax is $0.55."
"The county tax is $0.05."
"The total tax is $0.60"
"The total is $10.60
```

제약 조건
- 모든 금액은 가장 가까운 센트로 반올림시킬 것
- 프로그램의 마지막에 한 개의 출력문만 사용하여 결과를 출력할 것

도전 과제
- 여러분이 거주하고 있는 주와 카운티를 반영하라.
- 주와 카운티 이름의 약자를 입력 받을 수 있도록 하라. 이때 대소문자가 섞여 있어도 되도록 하라.

- 또한, 주 이름 전체를 입력 받을 수 있도록 하면서 대소문자가 섞여 있어도 무방하도록 하라.
- 중첩된 if문을 사용하지 않도록 자료구조를 사용하여 프로그램을 작성하라.

연습문제 21. 숫자에 해당하는 이름으로 바꾸기

많은 프로그램이 최종 사용자에게 하나의 양식으로 정보를 제공하지만, 프로그램 내에서는 각기 다른 형태로 정보를 사용하기도 한다. 예를 들면, 화면에 Blue라는 단어를 출력하기 위해 프로그램상에서는 이 색깔에 대한 숫자 값을 사용할 수도 있다. 왜냐하면 스페인어 사용자를 위해서는 스페인어로 출력문을 만들어야 할 수도 있기 때문이다.

1부터 12까지의 숫자를 해당하는 달로 변환시키는 프로그램을 만들어 보자. 먼저 숫자를 입력 받은 다음 이에 해당하는 달 이름을 출력한다(예: 1은 January, 12는 December). 만일 범위를 넘어서는 숫자를 입력 받은 경우 적절한 에러 문구를 출력해보자.

출력 예

```
Please enter the number of the month: 3
The name of the month is March.
```

제약 조건

* switch-case문을 사용하여 프로그램을 작성할 것
* 출력문은 한 개만 사용할 것

도전 과제

* 지도(Map) 또는 사전(Dictionary)을 사용하여 프로그램에서 switch문을 제거하라.
* 다국어를 지원하도록 프로그램을 변경하라. 이를 위해 프로그램이 시작될 때 사용하는 언어를 입력 받도록 하라.

연습문제 22. **숫자 비교**

한 개의 입력 값을 비교하는 것은 이제 익숙해졌을 것이다. 이번에는 여러 개의 입력 값을 처리하는 경우를 살펴보자.

세 개의 숫자를 입력 받은 다음, 먼저 세 개의 숫자가 서로 다른지를 확인하여 같은 숫자가 있다면 프로그램을 종료시키고, 그렇지 않은 경우에는 입력한 세 개의 숫자 중 가장 큰 수를 출력시키는 프로그램을 작성하라.

출력 예

```
Enter the first number: 1
Enter the second number: 51
Enter the third number: 2
The largest number is 51.
```

제약 조건

• 가장 큰 수를 찾기 위해 함수 등을 사용하지 말고 직접 알고리즘을 작성하여 구현할 것

도전 과제

• 입력된 숫자를 모두 추적하여 사용자가 지금까지 입력한 값과 동일하지 않은 값을 입력하도록 프로그램을 수정해보자.
• 세 개가 아닌 10개의 숫자를 입력하도록 프로그램을 수정해보자.
• 입력하는 숫자의 개수를 제한하지 않도록 프로그램을 수정해보자.

연습문제 23. **자동차 문제 해결**

전문가 시스템은 일종의 인공지능 프로그램으로, 축적된 노하우와 규칙
집합을 사용하여 전문가가 직접 하는 것처럼 작업을 수행하도록 한다.
실제로 많은 웹사이트에서는 여러 질문을 통해 자기 스스로 병에 대한
진단을 할 수 있도록 도와준다. 또한 많은 하드웨어, 소프트웨어 회사는
온라인 문제 해결 도구를 통해 간단한 기술 문제로 콜센터에 전화를 걸
기 전에 문제를 해결할 수 있도록 지원한다.

이번에는 자동차에 대한 문제를 해결하는 프로그램을 작성하라. 이를
위해 다음의 의사 결정 트리를 이용하라.

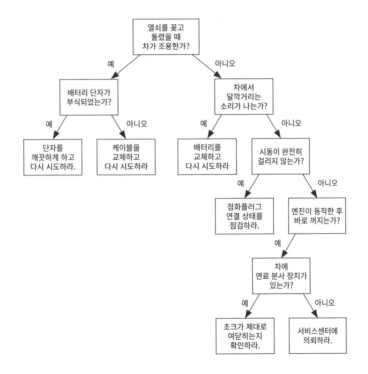

출력 예

```
Is the car silent when you turn the key? y
Are the battery terminals corroded? n
The battery cables may be damaged.
Replace cables and try again.
```

제약 조건

• 한 번에 모든 입력을 받지 말고 상황과 답변에 맞는 질문이 나타나도록 할 것

도전 과제

• 규칙 엔진(Rules engine)과 추론 엔진(Inference engine)에 대해 조사하라. 이 두 가지 엔진은 각각 규칙과 사실에 기반하여 복잡한 문제를 해결하는 강력한 도구다. 여러분의 프로그래밍 언어를 위한 규칙 엔진을 구현하고, 앞의 문제를 해결하는 데 사용하라.

지금까지 배운 내용

조건문 처리는 소프트웨어 개발에서 중요한 부분을 차지한다. 조건문은 메뉴 시스템을 구동하는 데 사용될 뿐만 아니라 키를 누를 때 여러분의 캐릭터가 점프할지 뛸지 총을 쏠지를 결정하는 데도 사용된다. 또한 에러 코드에 해당하는 에러 메시지를 번역하는 용도로도 사용되어 사람이 쉽게 이해할 수 있도록 한다. 하지만 이번 장의 프로그램을 작업하면서 이전 장의 프로그램을 테스트할 때보다 더 많은 테스트를 수행했다. 이는 이번 장의 프로그램이 더 많은 경우의 수에 해당하는 결과를 나타내야 했기 때문이다. 프로그램에 분기문이 많아질수록 출력하는 결과의 경우의 수는 더 많아질 것이다.

다음 장으로 이동하기 전에 한 번 더 여러분의 프로그램 로직을 점검하기 바란다. 모든 경우의 출력 결과를 고려하였는가? BMI 계산기의 경우 BMI 공식이 제대로 구현되었는가? 정확한 비교연산자를 사용하였는가?

여러분의 코드에 결함이 없다는 것을 확신한다면, 이제 다음 장으로 이동하여 프로그램에 함수를 추가해보자.

5장

함수

여러분의 프로그램이 점점 복잡해지고 있다. 입력 부분, 처리 부분, 출력 부분을 분리하기 위해 노력하고 있음에도 불구하고 프로그램이 복잡해질수록 무언가를 찾아내기가 점점 어려워진다. 그러나 함수를 사용하면 코드를 구조화시킬 수 있을 뿐만 아니라 재사용 가능한 구성요소까지 만들어낼 수 있다.

함수는 메인 프로그램 내부에서 작은 프로그램처럼 동작한다. 여기 두 개의 숫자를 더하는 함수를 정의하는 자바스크립트 코드를 살펴보자.

```javascript
function addTwoNumbers(firstNumber, secondNumber) {
  return(
    firstNumber + secondNumber
  );
}
```

addTwoNumbers 함수는 두 개의 숫자를 입력 받아 연산을 한 후 그 결과를 나머지 프로그램에게 제공한다. 그럼 사용 예를 살펴보자.

```javascript
var sum = addTwoNumbers(1,2);
console.log(sum);
```

함수의 또 다른 이점은 함수 내에 로직이 들어가기 때문에 함수를 사용하는 프로그램에 영향을 주지 않은 채 함수의 내용을 수정할 수 있다는 것이다. 예를 들어, 두 개의 값을 입력 받은 함수를 다음과 같이 사용한 경우를 살펴보자.

```
var sum = addTwoNumbers("1","2");
console.log(sum);
```

그럼 프로그램의 출력 결과는 아마도 12가 될 것이다. 왜냐하면 자바스크립트는 입력된 인수를 숫자로 변환하지 않은 채 문자열 결합연산을 수행할 것이기 때문이다. 하지만 addTwoNumbers 함수를 수정하여 입력 값을 숫자로 자동으로 변환되도록 할 수 있기 때문에 함수를 수정한 후에 제대로 작동할 것이다.

간혹 어떤 함수의 결과를 취해서 다른 함수의 입력으로 넘길 수도 있다. 또는 함수의 결과를 이용하여 의사 결정에 사용할 수도 있다. Elixir와 클로저 같은 프로그래밍 언어는 온전히 함수를 기반으로 하고 있는데, 이러한 언어를 함수형 프로그래밍 언어라고 부른다.

이번 장의 문제를 해결하기 위하여 여러분의 코드를 함수로 구조화하기 바란다. 그래서 메인 알고리즘을 함수로 녹여내어 나머지 프로그램이 이런 함수를 호출하도록 만들어보자. 또는 더 나아가 입력 값을 취해서 출력문을 만들어 내는 함수를 만드는 시도도 해보기 바란다.

이번 장은 길지 않게 구성하였다. 그 이유는 이번 장의 연습문제를 풀다 보면 이전 장의 프로그램을 다시 살펴보고 어떻게 하면 이들 프로그램에 함수를 적용하여 구조적인 측면을 향상시킬 것인지를 고민하게 될 것이기 때문이다.

연습문제 24. 애너그램 점검

프로그램의 일부 로직을 함수를 사용하여 별도로 추상화하면 코드가 더 읽기 쉬워지고 유지보수도 용이하다.

　두 개의 문자열을 비교하여 서로가 애너그램(anagram)인지를 검사하는 프로그램을 작성하라. 프로그램은 두 개의 문자열을 입력 받은 후 다음의 출력 예와 같이 출력해야 한다.

출력 예

```
Enter two strings and I'll tell you if they are anagrams:
Enter the first string: note
Enter the second string: tone
"note" and "tone" are anagrams.
```

제약 조건

- isAnagram이라는 함수를 사용하여 프로그램을 작성할 것. isAnagram 함수는 두 개의 문자열을 인수로 받은 다음 true 또는 false를 반환한다. 이 함수를 main 프로그램에서 호출하도록 할 것
- 두 단어의 길이가 같은지 확인할 것

도전 과제

- 프로그래밍 언어에서 제공하는 기능(라이브러리 등)을 이용하지 않고 프로그램을 작성하라. 즉, 선택, 반복 등의 로직을 사용하여 자신만의 알고리즘으로 개발해야 한다.

연습문제 25. 암호 길이 점검

함수는 복잡한 연산을 추상화시켜 줄 뿐만 아니라 재사용을 가능케 하는 요소이기도 하다.

주어진 암호의 복잡도를 결정하는 프로그램을 작성하라. 복잡도는 다음과 같은 규칙으로 정한다.

- 아주 약한 암호는 숫자로만 구성되고 길이도 8글자 미만임
- 약한 암호는 영문자로만 구성되고 길이도 8글자 미만임
- 강한 암호는 영문자와 한 개 이상의 숫자로 구성되어 있으며 길이는 8글자 이상임
- 아주 강한 암호는 영문자, 숫자, 특수문자로 구성되어 있으며 길이는 8글자 이상임

출력 예

```
The password '12345' is a very weak password.
The password 'abcdef' is a weak password.
The password 'abc123xyz' is a strong password.
The password '1337h@xor!' is a very strong password.
```

제약 조건

- 암호를 인수로 받은 다음 암호의 복잡도를 알 수 있는 값을 반환하는 passwordValidator 함수를 작성할 것. 이때 passwordValidator 함수는 문자열을 반환해서는 안 된다. 왜냐하면 나중에 다국어를 지원하는 경우가 생길 수도 있기 때문이다.
- 한 개의 출력문만 사용할 것

도전 과제

- GUI 또는 웹 애플리케이션으로 작성하여 실시간으로 암호를 입력할 때 복잡도를 그래픽 형태로 알려주도록 하라. 이를 위해서는 암호를 입력할 때 실시간으로 복잡도를 결정하고 그 결과를 나타내야 한다.

연습문제 26. 카드 대금 상환 기간

카드 대금을 상환하는 데는 생각보다 더 오랜 시간이 걸린다. 그리고 상환하는 공식 또한 매우 복잡하다. 이러한 공식의 복잡도를 함수로 숨기는 것 역시 여러분의 코드가 조직화되도록 하는 데 도움이 된다.

카드 대금을 상환하는 데 걸리는 개월 수를 계산하는 프로그램을 작성하라. 총 대금, 연이율(Annual Percentage Rate, APR), 월 상환 금액을 입력 받은 다음 상환에 소요되는 개월 수를 출력하면 된다.

이 프로그램에 사용되는 공식은 다음과 같다.

$$n = -\frac{1}{30} \times \frac{\log\left(1 + \frac{b}{p}\left(1 + (1+i)^{30}\right)\right)}{\log(1+i)}$$

- n: 개월 수
- i: 일이율(APR/365)
- b: 총 대금
- p: 월 상환 금액

출력 예

```
What is your balance? 5000
What is the APR on the card (as a percent)? 12
What is the monthly payment you can make? 100

It will take you 70 months to pay off this card.
```

제약 조건

- 카드의 연이율을 입력 받은 후 내부적으로 일이율을 계산할 것
- 연이율은 10진수가 아닌 퍼센트 단위로 받을 것
- 총 대금, 연이율, 월 상환 금액을 인수로 받고 상환 개월 수를 반환하는 calculateMonthsUntilPaidOff 함수를 작성할 것 이때 인수는 함수 바깥에서 접근하지 않도록 한다.
- 금액은 센트 단위로 올림할 것

도전 과제

• 공식을 변형하여 상환할 개월 수를 입력하면 월 상환 금액을 반환하
도록 하라. 그런 다음 사용자로 하여금 상환하는 개월 수를 원하는
지, 아니면 월 상환 금액을 원하는지를 선택하도록 하여 이에 맞는
답을 제시하도록 프로그램을 수정해보자.

연습문제 27. **입력 값 검증**

대규모 함수는 사용하기도 어렵고 관리하는 것도 쉽지 않다. 그래서 로직을 나누어 여러 개의 작은 함수로 구성하는 것이 훨씬 좋다. 프로그램은 이렇게 만들어진 함수들을 차례로 호출하기만 하면 된다.

　이름과 성, 사번, 우편번호를 입력 받은 다음, 다음과 같은 규칙에 맞는지를 점검하는 프로그램을 작성하라.

- 이름은 반드시 넣어야 한다.
- 성은 반드시 넣어야 한다.
- 이름과 성은 최소한 두 글자 이상이어야 한다.
- 사번은 AA-1234의 형태가 되어야 한다. 즉, 두 글자의 알파벳, 하이픈, 4자리 숫자로 구성되어야 한다.
- 우편번호는 반드시 숫자여야 한다.

　잘못된 데이터가 입력되면 적절한 에러 메시지를 출력해야 한다.

출력 예

```
Enter the first name: J
Enter the last name:
Enter the ZIP code: ABCDE
Enter an employee ID: A12-1234
"J" is not a valid first name. It is too short.
The last name must be filled in.
The ZIP code must be numeric.
A12-1234 is not a valid ID.
```

또는

```
Enter the first name: Jimmy
Enter the last name: James
Enter the ZIP code: 55555
Enter an employee ID: TK-421
There were no errors found.
```

제약 조건

- 입력 데이터를 검증하는 함수를 각각 만들고, validateInput 함수를 만들어 모든 입력 데이터를 인수로 받은 다음 각각의 경우마다 별도

로 만든 입력 데이터 검증 함수들을 호출하여 입력 값을 검증하도록
구현할 것

- 결과를 출력하는 출력문은 한 개만 사용할 것

도전 과제

- 입력 값을 검증하기 위하여 정규표현식(Regular Expression)을 사용
하라.
- 이 프로그램을 GUI 버전으로 작성한 후, 입력 필드가 활성화되었다
가 다시 비활성화될 때 입력 값에 대한 결과를 바로 출력하라.
- 잘못된 입력 값이 들어온 경우 다시 입력 부분부터 반복하도록 프로
그램을 수정해보자.

지금까지 배운 내용

이제 이전 장으로 돌아가서 그 동안 풀었던 연습문제를 다시 한번 살펴
보자. 그리고 메인 알고리즘을 함수로 포장해보자. 그런 다음, 하나의
함수를 여러 개의 작은 함수로 쪼개는 것이 도움이 되는지도 확인해보
자. 그렇게 하고 나면 더 이상 호출할 함수가 없게 될 것이다. 그럼 이제
프로그램 내에서 몇몇 함수들을 계속해서 반복시키는지도 확인해보기
바란다. 아울러 이러한 함수들을 프로그램에서 프로그램으로 코드를
복사하지 않으면서 재활용할 수 있는 방법이 없는지도 고민해보자.

모두 끝났다면 다음 장으로 이동하자. 다음 장에서는 어떤 문제를 해
결하기 위해 프로세스를 무한반복시켜야 하는 경우를 보게 될 것이다.

6장

반복

어떻게 하면 컴퓨터로 하여금 동일한 일을 반복하도록 할 수 있을까? 당연히 동일한 코드를 여러 번 복사할 필요는 없다.

구조화된 프로그램 이론에 따르면 컴퓨터 프로그램으로 문제를 해결하기 위해 세 가지의 기본 제어구조를 사용할 수 있다고 하는데, 이 세 가지 제어구조는 순서(Sequencing), 선택(Selection), 반복(Repetition)이다. 순서는 알맞은 순서로 한 단계에서 다음 단계로 처리하는 것을 유식하게 표현한 것이다. 선택은 조건에 따라 의사 결정하는 것을 뜻한다. 이 두 가지는 그 동안 이 책에서 열심히 다루었다. 앞부분에서는 순서와 관련된 많은 프로그램을 다루었고, 그 다음으로는 선택으로 이동하여 조건에 기반한 의사결정과 관련된 프로그램들을 다루었다.

코드의 복제 없이 프로그램의 일부를 반복시키기 위해서는 반복(Repetition)을 사용한다. 반복은 조건이 참인 동안 별도로 지정한 명령 세트를 반복시키는 것을 의미한다. "사용자가 더 많은 값을 넣기를 원할 때까지 입력을 받으시오."나 "더 이상의 레코드가 없을 때까지 이 다섯 단계를 계속해서 실행하라."같은 표현이 반복을 나타낸다고 할 수 있다. 참고로 반복을 실행하는 방법은 여러분이 원하는 결과에 달려있다. 원하는 횟수만큼, 또는 이름 리스트에 있는 모든 아이템에 대해 한 번씩, 또는 사용자가 끝났다고 할 때까지 반복을 시키는 것이다.

여러분이 사용하는 프로그래밍 언어는 이러한 문제를 해결하는 방법을 결정하는 데 영향을 미치게 될 것이다. 예를 들어, 5부터 1까지 숫자를 세고자 한다면 다음과 같이 프로그램을 작성할 수 있을 것이다.

```
counter := 5
for counter >= 1 {
  fmt.Println(counter)
  counter--;
}
```

먼저 counter에 5를 부여하고 counter 값을 출력한 다음 1을 뺐다. 이 코드는 counter 값이 1보다 작거나 같아질 때까지 반복한다.

자바스크립트 같은 C 스타일의 언어는 for 루프를 제공하여 루프 선언부분에 카운터 값을 정의하고 카운터 값의 증가 값을 정의할 수 있다.

```
for(var counter = 5; counter >= 1; counter--) {
  console.log(counter);
}
```

루비 개발자라면 조금 다르게 접근할 것이다. 루비의 경우 integer가 오브젝트로써 반복을 지원한다.

```
5.times do |counter|
  # counter is 0-based.
  puts 5 - counter
end
```

하지만 Elixir 같은 특정 언어에서는 루프 대신 재귀구문(Recursion)을 사용한다.

```
defmodule Recursion do
  def loop(n) when n <= 1, do: IO.puts n

  def loop(n) do
    IO.puts n
    loop(n - 1)
  end
end

loop(5)
```

재귀구문은 함수가 자기 자신을 직간접적으로 호출할 때 발생한다. 앞의 예제는 loop 함수가 매번 1씩 빼면서 n이 1보다 작아질 때까지 자기 자신을 호출한다. 그러나 모든 언어가 재귀구문에 최적화된 것은 아니다. 특정 언어에서는 함수 호출을 너무 많이 하면 자체 복사가 늘어나는 바람에 스택이 넘치고, 이로 인해 프로그램이 강제 종료되어 버린다. 그래서 프로그래밍 언어에 따라 반복하는 방법이 달라진다는 것을 다시한 번 강조한다.

앞의 예제들은 모두 카운트 값을 가지고 반복하였다. 즉, 특정 값이 될 때까지 숫자를 늘이거나 줄인 것이다. 하지만 가끔은 특정 값을 입력하는 등의 다른 이유로 반복을 멈추게 하고자 할 때도 있다.

```
var value;
var keepGoing = true;
while(keepGoing) {
  value = prompt("Enter a number or 0 to stop.");
  keepGoing = value !== 0;
  // 반복하는 내용
}
```

또는 파일 내에 처리할 내용이 남았거나 데이터베이스에 출력할 레코드가 남아있는 동안에는 계속 반복하게 할 수도 있다.

이번 장의 연습문제는 작업을 효율적으로 할 수 있도록 반복을 사용할 것을 요구할 것이다. 각 프로그램 문제 정의서를 읽으면서 반복 횟수가 주어졌는지 아닌지를 주의 깊게 확인한 후에 가장 좋은 방법을 사용하기 바란다.

아마도 순서도를 사용하는 것이 로직을 결정하는 데 도움이 될 것이다. 4장의 프로그램 중에 순서도가 로직 결정에 도움이 된 것을 기억하는가? 그때 100보다 큰 값을 입력 받기를 기다리면서 원하는 값이 입력되지 않으면 프로그램을 종료시켰다. 하지만 이제는 질문하는 부분에 반복을 사용할 수 있으며 이에 필요한 로직을 나타내기 위해 순서도를 사용할 수도 있다.

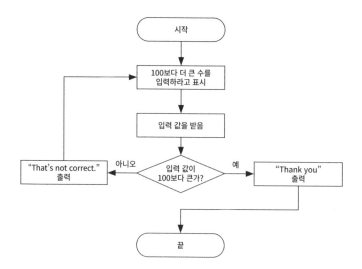

이 순서도는 프로그램에 반복 프로세스가 있다는 것을 명확하게 보여준다. 즉, 사용자가 잘못된 값을 넣으면 이를 알려주고 다시 입력을 기다린다. 순서도를 통해 이러한 프로세스를 코드로 구현할 수 있는 가장 좋은 방법을 결정할 수 있다.

이번 장의 연습문제는 조금 간단할 수도 있을 것이다. 하지만 연습문제들을 통해 앞으로 나오게 될, 반복에 주안점을 둔 문제를 해결할 수 있는 기본기를 다지게 될 것이다.

연습문제 28. 숫자 추가

그동안 앞의 프로그램에서는 반복되는 입력 값을 받기 위해 입력문을 여러 번 사용하였다. 하지만 루프를 사용하여 입력을 반복해서 처리하는 것이 더 효율적이다.

다섯 개의 숫자를 입력 받은 다음 입력 받은 수의 합을 계산하는 프로그램을 작성하라.

출력 예

```
Enter a number: 1
Enter a number: 2
Enter a number: 3
Enter a number: 4
Enter a number: 5
The total is 15.
```

제약 조건

- 숫자를 입력 받는 부분은 다섯 개의 입력문 대신 개수가 제한된 루프와 같은 반복문으로 구현할 것
- 프로그램을 작성하기 전에 순서도를 그릴 것

도전 과제

- 입력 받는 숫자의 개수를 프로그램에 지정하지 않는 대신 사용자로부터 입력 받도록 프로그램을 수정해보자. 루프에서 비교하는 용도로 사용하기 전에 반드시 숫자로 변환해야 한다.
- 숫자만 입력 받고 숫자가 아닌 입력은 거부하도록 프로그램을 수정해보자. 대신, 숫자가 아닌 입력도 전체 입력 횟수에 포함시킨다. 즉, 다섯 번 입력 받는 것으로 결정했다면, 숫자든 비(非)숫자든 총 다섯 번만 입력 받은 후 결과를 나타내야 한다.

연습문제 29. 잘못된 입력 처리

'72의 법칙'은 투자한 금액이 2배가 되기까지 걸리는 시간을 쉽게 계산하는 공식으로, 72를 퍼센트 단위의 복리이자율로 나누는 것이다. 이 법칙은 주식, 채권, 적금 등의 투자를 선택할 때 아주 좋은 도구로 활용될 수 있다. 또한 잘못된 입력을 검출하기 위해 작성하는 프로그램으로서도 좋다. 왜냐하면 컴퓨터는 0으로 나누는 연산을 할 수 없기 때문이다. 그래서 잘못된 입력에 의해 예기치 못하게 프로그램이 종료되도록 하는 것보다는 이러한 상황을 무시하고 유효한 값을 받을 때까지 입력을 받도록 할 수 있다.

복리이자를 퍼센트 단위로 받은 다음, 원리금이 총 2배가 되는데까지 걸리는 기간을 계산하는 프로그램을 작성하라.

공식은 다음과 같다.

$$years = 72 / r$$

r: 연이율

출력 예

```
What is the rate of return? 0
Sorry. That's not a valid input.
What is the rate of return? ABC
Sorry. That's not a valid input.
What is the rate of return? 4
It will take 18 years to double your initial investment.
```

제약 조건

- 0을 입력하지 않도록 할 것
- 숫자가 아닌 값을 입력하지 않도록 할 것
- 잘못된 입력 값을 처리하는 부분을 루프로 구현하여 유효한 값이 입력될 때까지 반복시킬 것

도전 과제

- 0을 입력했을 때는 다른 에러 메시지가 나타나도록 프로그램을 수정해보자.

연습문제 30. **곱셈표**

0부터 12까지의 곱셈표를 만드는 프로그램을 작성하라.

출력 예

```
0 × 0 = 0
0 × 1 = 0
....
12 × 11 = 132
12 × 12 = 144
```

제약 조건

• 중첩된 루프를 사용할 것

도전 과제

• 드롭다운 리스트를 사용하여 숫자를 선택하면 선택된 숫자에 해당하는 곱셈표가 나타나는 그래픽 프로그램을 작성하라.

• 다음과 같은 곱셈표를 작성하라.

	0	1	2	3	4	5	6	7	8	9	10	11	12
0	0	0	0	0	0	0	0	0	0	0	0	0	0
1	0	1	2	3	4	5	6	7	8	9	10	11	12
2	0	2	4	6	8	10	12	14	16	18	20	22	24
3	0	3	6	9	12	15	18	21	24	27	30	33	36
4	0	4	8	12	16	20	24	28	32	36	40	44	48
5	0	5	10	15	20	25	30	35	40	45	50	55	60
6	0	6	12	18	24	30	36	42	48	54	60	66	72
7	0	7	14	21	28	35	42	49	56	63	70	77	84
8	0	8	16	24	32	40	48	56	64	72	80	88	96
9	0	9	18	27	36	45	54	63	72	81	90	99	108
10	0	10	20	30	40	50	60	70	80	90	100	110	120
11	0	11	22	33	44	55	66	77	88	99	110	121	132
12	0	12	24	36	48	60	72	84	96	108	120	132	144

연습문제 31. **카르보넨 심박수**

루프를 사용할 때 카운터를 얼마나 많이 증가시키는지를 제어하는 것이 일반적이지만, 항상 1씩 증가시킬 필요는 없다.

피트니스 프로그램을 시작할 때 보통 목표 심박수를 지정하여 운동을 과하게 하지 않도록 한다. 카르보넨 심박수(Karvonen Heart Rate) 공식은 여러분의 심박수를 결정하기 위해 사용된다. 나이와 평상시의 심박수를 입력 받은 다음 카르보넨 공식을 사용하여 최대 심박수의 55%에서 95%에 해당하는 심박수를 구하는 프로그램을 작성하라. 이때, 출력 예와 같이 표 형태로 출력해야 한다.

카르보넨 심박수 공식은 다음과 같다.

$$TargetHeartRate = (((220 - age) - restingHR) \times intensity) + restingHR$$

출력 예

```
Resting Pulse: 65 Age: 22
Intensity    | Rate
-------------|--------
55%          | 138 bpm
60%          | 145 bpm
65%          | 151 bpm
 :           |  :      (생략됨)
85%          | 178 bpm
90%          | 185 bpm
95%          | 191 bpm
```

제약 조건

- 퍼센트를 하드코딩하지 말 것. 대신 루프를 사용하여 퍼센트를 55에서 95까지 증가하게 할 것
- 나이와 심박수는 숫자로만 받을 수 있도록 하여 숫자가 입력될 때까지 진행되지 않도록 할 것
- 결과는 표 형태로 출력할 것

도전 과제

- 이 프로그램을 GUI 버전으로 구현해보자. 이때, 슬라이더로 훈련 강도를 표현하여 슬라이더가 변경되는 즉시 결과가 업데이트되도록 하라.

연습문제 32. 숫자 맞추기 게임

세 단계의 난이도로 구성된 숫자 맞추기 게임을 만들어 보자. 첫 번째 단계에서는 1부터 10까지의 숫자를, 두 번째 단계에서는 1부터 100까지의 숫자를, 세 번째 단계에서는 1부터 1000까지의 숫자를 맞추어야 한다.

먼저 난이도를 입력 받은 후 게임을 시작한다. 컴퓨터는 범위 내에서 무작위로 숫자를 하나 선택한 후 숫자를 맞추라고 표시한다. 플레이어가 숫자를 입력할 때마다 컴퓨터는 맞추어야 하는 숫자와 비교하여 입력한 숫자가 더 큰지 작은지를 알려준다. 또한 컴퓨터는 맞추는 횟수를 기록하여 플레이어가 숫자를 맞추었을 때 그동안 추리한 횟수를 알려준다. 그리고는 게임을 다시 할 것인지를 묻는다.

출력 예

```
Let's play Guess the Number.
Pick a difficulty level (1, 2, or 3): 1
I have my number. What's your guess? 1
Too low. Guess again: 5
Too high. Guess again: 2
You got it in 3 guesses!
Play again? n
Goodbye!
```

제약 조건

- 숫자가 아닌 값을 입력하지 않도록 구현할 것
- 게임이 진행되는 동안 숫자가 아닌 값을 입력할 때마다 잘못된 입력으로 카운트할 것

도전 과제

- 추리한 횟수에 따라 다음과 같은 메시지를 출력할 것
    - 1회: "You're a mind reader!"
    - 2-4회: "Most impressive."
    - 5-6회: "You can do better than that."
    - 7회 이상: "Better luck next time."

- 사용자가 입력한 숫자를 모두 기록하여 이미 추리했던 숫자를 다시 입력했을 때 이를 알리도록 하라. 물론, 이때도 추리한 횟수로 인정하여 카운트한다.
- 이 게임을 숫자표 형태의 그래픽 게임으로 구현해보자. 이때, 숫자를 클릭할 때마다 해당 숫자를 화면에서 제거한다.

지금까지 배운 내용

이 정도까지 왔다면 여러분은 자신의 능력에 대해 어느 정도 자신감이 붙었을 것이다. 이제 조건문도 마스터하고, 함수를 사용하는 법과 프로그램 일부를 반복시키는 방법도 배웠다. 뿐만 아니라 잘못된 입력을 처리하는 방법까지 체득하였다. 이 책에서 소개한 많은 프로그램이 바로 여러분이 그 동안 공부한 결과물인 것이다. 그래서 다음 장으로 넘어가기 전에 이들 프로그램 중 일부를 수정하기를 권한다. 가령 잘못된 입력을 예방하면서 계산기 프로그램을 시작할 수도 있을 것이다.

먼저 배열과 같은 자료 구조를 이해하지 않고서는 현실세계의 많은 문제를 해결할 수 없기 때문에 이번 장은 짧게 다루었다. 그럼 다음 장에서는 어떤 내용을 다루는지 살펴보자.

7장

자료 구조

가장 단순한 형태의 프로그램은 변수에 데이터를 담는 것이다. 하지만 이번 장에서 다루는 프로그램은 여러분으로 하여금 데이터를 리스트에 저장하거나, 이름/값 쌍으로 저장하거나, 심지어는 이 두 가지의 조합을 사용하는 것에 대해 고민하게 만들 것이다.

　자료 구조는 여러분이 사용하는 프로그래밍 언어에 따라 다르겠지만, 대체로 배열(array), 리스트(list), 해시(hash), 해시맵(hashmap), 사전 (dictionary), 연관 배열(associative array), 맵(map) 등이 있다. 언어마다 다른 명칭을 사용한다 하더라도 그 의미와 개념은 같다. 자료 구조를 이용하여 데이터를 서로 묶을 수 있다. 쉽게 설명하기 위해 배열과 맵 용어를 사용할 것이다.

　배열은 값을 순서대로 저장하는 자료 구조다.

```
colors = ["Red", "Green", "Blue"];
```

보통 배열에 들어 있는 아이템 순서는 고정되어 있다. 그래서 원하는 값을 찾기 위해서는 그 값에 해당하는 인덱스를 사용하면 된다. 인덱스는 아이템이 배열에서 몇 번째에 위치해 있는지를 알려주는 위치 값이다. 대부분의 언어에서 배열의 첫 번째 인덱스 값은 0으로 사용한다.

```
colors = ["Red", "Green", "Blue"];
console.log(colors[0]);
>> "Red"
```

맵은 키(key)와 값(value)로 구성된 자료 구조로, 위치 값 대신 키 값을
이용하여 자료를 찾는다.

```
person = {name: "Homer", age: 42};
console.log person["name"];
```

가장 많이 사용되는 자료구조 중 하나가 데이터베이스의 레코드 모음을
나타내는 것이다. 각각의 레코드는 맵으로 표현되는데, 필드는 맵의 이
름/값 쌍으로 채워진다. 레코드 모음은 배열로 나타낸다.

　이러한 예를 자바스크립트로 나타내면 다음과 같다.

```
var people = [
  {name: "Homer", age: 42},
  {name: "Barney", age: 41}
]
```

동일한 자료 구조를 Elixir로 나타내면 다음과 같다.

```
people = [
  %{name: "Homer", age: 42},
  %{name: "Barney", age: 41}
]
```

두 언어의 문법은 다르지만 내포하고 있는 개념은 동일하다. 자료 구조
를 사용하면 비슷한 구조로 데이터를 담을 수 있으며, 이렇게 저장한 데
이터를 프로그램에서 사용할 수 있다.

　자료 구조는 종종 루프와 함께 사용된다. 예를 들어 이름이 담긴 리스
트의 모든 내용을 하나씩 출력하고자 할 때, 리스트에 있는 아이템의 개
수만큼 반복시켜 그 내용을 정리할 수 있을 것이다. 다음은 자바스크립
트로 작성한 예제이다.

```
var names = ["Ted", "Barney", "Carl", "Tracy"];
for(var i = 0, length = names.length; i < length; i++) {
  console.log(names[i]);
}
```

하지만 많은 언어가 다른 방법을 제공하고 있다. 루비의 경우 동일한 코드를 다음과 같이 작성할 수 있다.

```
names = ["Ted", "Barney", "Carl", "Tracy"]
names.each { |name| puts name }
```

Elixir 역시 비슷한 방법을 제공한다.

```
names = ["Ted", "Barney", "Carl", "Tracy"]
names
  |> Enum.each fn(name) -> IO.puts name end
```

자바, C#, 자바스크립트와 같은 많은 언어가 반복, 정렬 등 리스트 및 다른 자료 구조를 다루는 다양한 기능을 제공한다. 그렇기 때문에 이번 장을 학습하는 동안 이러한 개념을 어떻게 다루는 것이 좋을지를 알아보고, 이를 기반으로 이번 장의 연습문제를 해결하기 바란다.

연습문제 33. **Magic 8 Ball**

배열은 프로그램에서 가능한 대답을 저장하는 데 아주 좋다. 무작위 번호 추출기와 같이 엮는다면 배열에 저장된 아이템을 무작위로 추출할 수 있으며, 이러한 기능은 게임에 적용하기 좋다.

　Magic 8 Ball 게임을 작성하라. Magic 8 Ball 게임은 사용자로부터 질문을 입력 받아 이에 대한 답을 "Yes", "No", "Maybe", "Ask again later" 등 중에서 무작위로 대답해주는 게임이다.

출력 예

```
What's your question? Will I be rich and famous?
Ask again later.
```

제약 조건

- 대답하는 값은 pseudo 무작위 숫자 생성기를 이용하여 선택되도록 할 것. 이때 가능한 선택지를 배열에 넣은 다음 무작위로 한 개가 선택되도록 해야 한다.

도전 과제

- 이 프로그램을 GUI 애플리케이션으로 제작하라.
- 가능하다면 장치 라이브러리를 사용하여 8 ball을 '흔들' 수 있도록 하라.

연습문제 34. 사원 명단 삭제

때로는 특정 조건에 따라 리스트에 있는 내용을 지정하거나 삭제해야 하는 경우도 생긴다. 마치 더 이상 사용하지 않을 카드를 카드뭉치에서 빼내는 것처럼, 유효한 입력 값들이 들어 있는 리스트에서 이미 사용된 값을 제거할 수도 있는 것이다. 배열에 데이터를 저장하면 이러한 작업이 쉬워진다. 사용하는 언어에 따라 다르지만 기존의 자료 구조를 수정하는 것보다 배열을 하나 만드는 것이 더 안전하고 효율적이라는 것을 알게 될 것이다.

사원 명단이 들어 있는 프로그램을 작성하라. 프로그램이 실행되면 리스트 안에 있는 모든 사원 이름을 출력한 다음, 명단에서 삭제할 이름을 입력 받고 해당하는 이름을 제거한다. 그리고는 나머지 명단을 한 줄씩 출력한다.

출력 예

```
There are 5 employees:
John Smith
Jackie Jackson
Chris Jones
Amanda Cullen
Jeremy Goodwin
Enter an employee name to remove: Chris Jones
There are 4 employees:
John Smith
Jackie Jackson
Amanda Cullen
Jeremy Goodwin
```

제약 조건

• 이름을 저장하기 위해 배열이나 리스트를 사용할 것

도전 과제

• 입력한 이름이 리스트에 없다면 해당 이름을 나타내며 이름이 없다는 에러 메시지를 출력하도록 하라.

• 파일에서 사원 명단을 읽은 다음, 이름 하나 당 한 줄씩 출력하도록 수정해보자.

• 읽은 파일과 동일한 파일에 저장하도록 하라.

연습문제 35. 승자 선택

배열은 하드코딩할 필요가 없다. 사용자 입력을 배열에 저장한 다음 그것을 사용하면 되기 때문이다.

대회 또는 그리기 대회의 수상자를 선택하는 프로그램을 작성하라. 프로그램은 아무것도 입력하지 않을 때까지 대회 참가자 이름을 입력받은 다음 이 중에서 무작위로 수상자를 선정한다.

출력 예

```
Enter a name: Homer
Enter a name: Bart
Enter a name: Maggie
Enter a name: Lisa
Enter a name: Moe
Enter a name:
The winner is... Maggie.
```

제약 조건

- 사용자 입력을 배열에 저장하는 부분을 루프로 구현할 것
- 배열에 있는 값을 선택하기 위해 무작위 숫자 생성기를 사용할 것
- 빈 이름은 배열에 추가하지 말 것
- 어떤 언어는 미리 배열 크기를 정의하도록 요구하기도 하는데, 이럴 경우에는 ArrayList 같은 다른 자료 구조를 찾아볼 것

도전 과제

- 수상자가 결정되면 참가자 리스트에서 수상자를 제거한 다음 다른 수상자가 선정되도록 구현해보자.
- 이 프로그램을 GUI 버전으로 구현하여 수상자가 선택되기 전에 이름 배열이 섞이는 모습을 보여주도록 하라.
- 대회에 등록하는 애플리케이션을 별도로 작성하라. 이 프로그램을 이용하여 참석자를 추출하고 이 중에서 수상자를 선택하도록 하라.

연습문제 36. **통계 계산**

현장에서 통계는 중요하다. 응답시간이나 렌더링 시간을 측정할 때 데이터를 수집하면 잘못된 값을 쉽게 찾는 데 도움이 된다. 예를 들어, 표준편차는 어떤 값이 기준치 내에 있는지 밖에 있는지를 구별하는 데 도움이 된다.

웹사이트의 응답시간을 밀리초로 받는 프로그램을 작성하라. 사용자가 'done'이라고 입력할 때까지 응답시간을 받는다.

그 다음 평균 응답시간, 최소 응답시간, 최대 응답시간, 표준편차를 출력하자.

평균 값을 구하는 방법은 다음과 같다.

1. 모든 값의 합계를 구한다.
2. 합계를 값의 개수로 나눈다.

표준편차를 구하는 방법은 다음과 같다.

1. 각각의 값과 평균의 차를 구하고 이를 제곱한다.
2. 제곱한 값들의 평균을 구한다.
3. 이 평균에 루트를 씌운다.

출력 예

```
Enter a number: 100
Enter a number: 200
Enter a number: 1000
Enter a number: 300
Enter a number: done
Numbers: 100, 200, 1000, 300
The average is 400.
The minimum is 100.
The maximum is 1000.
The standard deviation is 400.25.
```

제약 조건

- 입력 부분과 계산 부분을 수행하기 위해 루프와 배열을 사용할 것
- 배열에는 done 값을 넣으면 안 됨

- 숫자를 문자열로 변환시킬 것
- 입력 부분은 처리 부분, 출력 부분과 분리시킬 것

도전 과제

- 숫자 배열을 취하여 결과를 반환시키는 mean, max, min, standard Deviation 함수를 호출하도록 프로그램을 수정해보자.
- 숫자를 직접 입력 받은 대신 외부 파일에서 숫자를 읽도록 프로그램을 수정해보자.

연습문제 37. **암호 생성기**

컴퓨터를 이용하여 특정 요구사항을 만족시키는 암호를 만들 수 있는데, 이를 통해 무작위 숫자 생성기를 이용하여 기존 리스트와 연결시키는 것을 연습할 수 있을 것이다.

안전한 암호를 생성하는 프로그램을 작성하라. 암호의 최소 길이, 특수문자 개수, 숫자 개수를 입력 받으면 이에 해당하는 암호를 생성한다.

출력 예

```
What's the minimum length? 8
How many special characters? 2
How many numbers? 2
Your password is
aurn2$1s#
```

제약 조건

- 리스트를 이용하여 글자를 저장한 다음 암호를 만드는 데 사용할 것
- 암호 생성을 위해 일부 무작위 요소를 추가할 것

도전 과제

- 모음을 무작위로 숫자로 변경시키도록 하라(예: E는 3으로, A는 4로).
- 암호를 선택할 수 있도록 한 개가 아니라 여러 개가 출력되도록 하라.
- 암호가 생성되면 컴퓨터의 클립보드에 자동으로 저장되도록 하라.

연습문제 38. 필터링 값

때로는 입력 받은 값을 필터링해야 할 경우도 있다. 자료 구조와 루프는 이러한 작업을 쉽게 만들 수 있다.

숫자 리스트를 입력 받고 공백글자로 나누어 저장한 다음 이 중에서 짝수만 들어 있는 새로운 배열을 만들어 출력하는 프로그램을 작성하라.

출력 예

```
Enter a list of numbers, separated by spaces: 1 2 3 4 5 6 7 8
The even numbers are 2 4 6 8.
```

제약 조건

- 입력 스트링을 배열로 변환할 것. 언어가 스트링을 배열로 쉽게 변환시킬 수 있도록 함수를 제공한다. 이 함수들은 구분자를 제공받아 스트링을 배열로 변환시킨다.
- 자신만의 알고리즘을 작성할 것. 언어에서 제공하는 filter나 비슷한 열거 기능을 사용하지 말 것.
- 이 로직을 다루는 함수 filterEvenNumbers 함수를 만들 것. 이 함수는 기존 배열을 입력 받아 새로운 배열을 반환한다.

도전 과제

- 숫자를 일일이 입력 받는 대신 텍스트 파일로부터 숫자를 입력 받아 짝수 줄만 출력하도록 하라.

연습문제 39. 레코드 정렬

결과를 보여줄 때 정렬해서 원하는 값을 쉽게 찾거나 시각적으로 쉽게 비교할 수 있도록 하고 싶을 때도 있을 것이다.

다음의 데이터 집합이 주어졌다고 가정하자.

First Name	Last Name	Position	Separation date
John	Johnson	Manager	2016-12-31
Tou	Xiong	Software Engineer	2016-10-15
Michaela	Michaelson	District Manager	2015-12-19
Jake	Jacobson	Programmer	
Jacquelyn	Jackson	DBA	
Sally	Weber	Web Developer	2015-12-18

앞의 직원 명단을 Last Name으로 정렬시킨 다음, 그 결과를 표 형태로 출력하는 프로그램을 작성하라.

출력 예

```
Name                 | Position          | Separation Date
---------------------|-------------------|----------------
Jacquelyn Jackson    | DBA               |
Jake Jacobson        | Programmer        |
John Johnson         | Manager           | 2016-12-31
Michaela Michaelson  | District Manager  | 2015-12-19
Sally Weber          | Web Developer     | 2015-12-18
Tou Xiong            | Software Engineer | 2016-10-05
```

제약 조건

• 맵 리스트를 사용하여 데이터를 구현할 것

도전 과제

• 어떻게 정렬시킬 것인지를 입력 받도록 하라. 정렬 가능한 기준은 Separation data, Position, Last Name이 있다.

• MySQL 같은 데이터베이스나 Redis 같은 키-값 저장소를 사용하여 직원 레코드를 저장하라. 물론 데이터 저장소로부터 레코드를 조회해야 한다.

연습문제 40. 필터링 레코드

레코드를 정렬하는 것도 도움이 되지만, 필터링을 통해 필요한 것만 출력되도록 할 필요도 있다.

다음의 데이터 집합이 주어졌다고 가정하자.

First Name	Last Name	Position	Separation date
John	Johnson	Manager	2016-12-31
Tou	Xiong	Software Engineer	2016-10-15
Michaela	Michaelson	District Manager	2015-12-19
Jake	Jacobson	Programmer	
Jacquelyn	Jackson	DBA	
Sally	Weber	Web Developer	2015-12-18

사용자가 입력한 글자와 First Name 필드와 Last Name 필드의 데이터를 모두 비교하여 사용자가 입력한 글자를 포함하는 모든 레코드를 출력하는 프로그램을 작성하라.

출력 예

```
Enter a search string: Jac

Results:
Name                | Position           | Separation Date
--------------------|--------------------|----------------
Jacquelyn Jackson   | DBA                |
Jake Jacobson       | Programmer         |
```

제약 조건

- 맵 배열이나 연관 배열을 사용하여 데이터를 구현할 것

도전 과제

- 글자 조회 시 대소문자를 구분하도록 프로그램을 수정해보자.
- Position을 조회하는 옵션을 추가하자.
- Separation date가 6개월 이상 된 직원을 조회하는 옵션을 추가하자.
- 데이터를 파일에서 읽도록 프로그램을 수정해보자.

지금까지 배운 내용

자료 구조는 데이터를 구조화하는 데 도움을 준다. 여러분은 아마도 어디에서나 배열과 맵을 찾을 수 있을 것이다. 데이터베이스를 다룰 때에도 레코드가 루프에서 활용될 수 있도록 배열로 반환될 것이며, 설정파일을 읽거나 수정하기 위해서도 배열이나 맵을 이용하여 작업하게 될 것이다. 필자는 데이터를 배열에 넣고 그것을 어떻게 정렬하는지에 대해 수없이 많은 질문을 받았으며, 여러분도 그렇게 될 것이다.

리스트와 맵은 아주 훌륭한 시작점이 된다. 하지만 여러분은 Shopping Cart와 같은, 자신만의 자료 구조도 정의할 수 있을 것이다.

그 동안 사용자로부터 데이터를 얻거나 코드 안에 직접 넣는 것으로 데이터를 조달받았는데, 다음 장에서는 파일에서 이러한 데이터를 구할 것이다.

8장

파일 작업

지금까지 작업한 모든 프로그램은 입력 데이터를 사용자로부터 받거나 코드 안에 값을 직접 넣었다. 그러나 많은 프로그램이 데이터를 저장하기 위해 파일을 사용한다. 여러분의 운영체제와 운영체제 프로그램은 가령 여러분이 웹사이트에 방문할 때와 같은 이벤트가 일어날 때마다 지속적으로 로그 파일에 그 내용을 기록한다. 그리고 많은 앱들이 설정 데이터 저장을 위해 파일을 사용한다. 게임 역시 체크포인트에 도달했다는 내용과 같은 저장 데이터를 기록하기 위해 파일을 사용한다.

심지어는 여러분이 이 책을 공부하기 위해 사용하는 프로그래밍 언어 또한 파일과 함께 일을 한다. 즉, 소스코드를 파일에 저장하면 컴파일러나 인터프리터가 컴퓨터가 실행할 수 있는 코드로 변환시킨다.

이번 장의 연습문제에서는 파일과 폴더를 이용할 것이다. 그리고 여러분은 프로그래밍 언어를 이용하여 어떻게 해결할 것인지를 알아볼 것이다. 몇몇 언어는 파일을 읽는 기능을 자체적으로 제공하고 있지만, 어떤 언어들은 이러한 기능을 제공하는 라이브러리를 별도로 구해야 하는 경우도 있다.

여러분은 아마도 파일을 다루는 다양한 방법을 찾고자 할 것이다. 이미 파일을 줄 단위로 처리하거나 스트리밍 형태로 처리하는 것이 프로그램 성능을 더 높인다는 사실을 알고 있을 수도 있다. 어떤 파일은 한

번에 읽기에는 너무 크지만 어떤 상황에서는 파일 전체를 읽은 후에 처리해야 하는 경우도 있을 것이다.

참고로 여러분이 웹 브라우저 내에서 자바스크립트를 사용한다면, 이번 장의 연습문제를 별도의 수정 없이 진행할 수 없을 지도 모른다. 왜냐하면 브라우저가 로컬 파일 시스템에 읽기와 쓰기 접근을 차단할 수도 있기 때문이다. 이럴 때는 Node.js를 대신 사용하기 바란다.

연습문제 41. 이름 정렬

파일의 내용을 알파벳순으로 정렬하는 것은 프로그램이 파일을 다루기 편리하게 만드는 훌륭한 방법이다.

다음과 같은 이름 리스트가 저장된 파일을 읽는 프로그램을 작성하라.

```
Ling, Mai
Johnson, Jim
Zarnecki, Sabrina
Jones, Chris
Jones, Aaron
Swift, Geoffrey
Xiong, Fong
```

앞의 리스트를 읽은 다음 알파벳순으로 정렬하라. 그런 다음 정렬된 리스트를 다음의 출력 예와 같은 형태로 파일에 저장하라.

출력 예

```
Total of 7 names
------------------
Ling, Mai
Johnson, Jim
Jones, Aaron
Jones, Chris
Swift, Geoffrey
Xiong, Fong
Zarnecki, Sabrina
```

제약 조건

- 이름 개수를 하드코딩하지 말 것

도전 과제

- 사용자로부터 이름 리스트를 한번에 입력 받은 다음, 정렬된 결과를 파일에 저장하도록 프로그램을 수정해보자.
- 대규모 데이터를 이 프로그램에 적용하여 프로그램 성능이 얼마나 나오는지 확인하라.
- 이 프로그램을 함수형 프로그래밍 언어로 작성한 다음 프로그램을 비교하라.

연습문제 42. 데이터 파일 파싱

가끔은 데이터가 구조화된 형태로 들어와 이를 해당 레코드로 분류해야 하는 경우도 있다. CSV(Comma-Separated Values, 콤마로 구분된 값)는 이러한 작업에 사용되는 대표적인 형식이다.

다음의 내용이 들어 있은 파일을 읽는 프로그램을 작성하라.

```
Ling,Mai,55900
Johnson,Jim,56500
Jones,Aaron,46000
Jones,Chris,34500
Swift,Geoffrey,14200
Xiong,Fong,65000
Zarnecki,Sabrina,51500
```

이렇게 읽은 데이터를 처리하여 다음의 출력 예와 같이 정렬된 표 형식으로 출력해보자.

출력 예

```
Last      First    Salary
-------------------------
Ling      Mai      55900
Johnson   Jim      56500
Jones     Aaron    46000
Jones     Chris    34500
Swift     Geoffrey 14200
Xiong     Fong     65000
Zarnecki  Sabrina  51500
```

제약 조건

- 데이터를 파싱하기 위해 CSV 파서를 사용하지 말고 자신만의 코드를 작성하여 사용할 것
- 컬럼의 줄을 맞추기 위해 공백 글자를 사용할 것
- 컬럼의 길이는 가장 긴 값에 해당하는 글자보다 한 글자 길게 정할 것

도전 과제

- Salary를 달러 표시와 자릿수 구분 기호(,)를 사용하여 출력하도록 프로그램을 수정해보자.

- 결과를 Salary 값으로 내림차순으로 정렬하도록 프로그램을 수정해보자.
- CSV 파싱 라이브러리를 사용하도록 프로그램을 수정한 다음 그 결과를 비교하라.

연습문제 43. 웹사이트 생성자

프로그래밍 언어는 파일과 폴더를 생성할 수 있다.

다음의 조건을 만족하는 웹사이트 골격을 생성하는 프로그램을 작성하라.

- 사이트 이름을 입력 받는다.
- 사이트 필자를 입력 받는다.
- 자바스크립트 파일을 위한 폴더를 만들 것인지를 입력 받는다.
- CSS 파일을 위한 폴더를 만들 것인지를 입력 받는다.
- index.html 파일을 생성한다. index.html 파일에는 `<title>` 태그를 이용한 사이트 이름과 `<meta>` 태그를 이용한 필자 이름이 들어 있다.

출력 예

```
Site name: awesomeco
Author: Max Power
Do you want a folder for JavaScript? y
Do you want a folder for CSS? y
Created ./awesomeco
Created ./awesomeco/index.html
Created ./awesomeco/js/
Created ./awesomeco/css/
```

도전 과제

- 이 프로그램을 윈도, OSX, 리눅스에서 스크립트 언어를 이용하여 구현해보자.
- 이 프로그램을 특정 사이트를 zip 파일로 제공하는 웹 애플리케이션으로 구현해보자.

연습문제 44. 제품 검색

파일에서 데이터를 추출한 다음 복잡한 자료 구조에 넣는 것은 파싱을 더 단순하게 만든다. 많은 프로그래밍 언어가 JSON 형식을 지원하는데, JSON은 데이터를 표현하는 인기 있는 방법이다.

제품 이름을 입력 받아 제품 이름에 해당하는 현재 가격과 수량을 조회하는 프로그램을 작성하라. 제품 데이터는 데이터 파일에 JSON 형태로 저장되는데, 그 형식은 다음과 같다.

```
{
  "products" : [
    {"name": "Widget", "price": 25.00, "quantity": 5 },
    {"name": "Thing", "price": 15.00, "quantity": 5 },
    {"name": "Doodad", "price": 5.00, "quantity": 10 }
  ]
}
```

제품을 찾을 경우에는 제품 이름, 가격, 수량을 출력하고, 제품을 찾지 못한 경우에는 제품이 없다는 문구를 출력해보자.

출력 예

```
What is the product name? iPad
Sorry, that product was not found in our inventory.
What is the product name? Widget
Name: Widget
Price: $25.00
Quantity on hand: 5
```

제약 조건

- 이 파일은 JSON 형식을 취하고 있으므로, JSON 파서를 이용하여 파일의 내용을 가져오도록 구현할 것
- 검색된 내용이 없을 때는 다시 입력을 받도록 구현할 것

도전 과제

- 제품 검색 시 대소문자를 구분하지 않도록 프로그램을 수정해보자.
- 제품 검색에 실패하였을 때, 검색한 제품을 추가힐 것인지를 질문하도록 하자. 만일 yes라고 대답한다면, 가격과 수량을 추가로 입력 받은 다음 JSON 파일에 저장한다. 이때 새로 추가하는 제품 정보는 프로그램을 재시작하지 않고도 조회가 가능해야 한다.

연습문제 45. 단어 탐색

하나의 파일을 읽고 그 내용을 수정한 후 수정한 버전을 새로운 파일에 저장하는 경우도 생길 것이다.

입력 파일을 제공받고 파일을 읽은 다음 'utilize'라는 단어가 얼마나 나오는지를 확인한다. utilize를 use로 바꾸고 새로운 파일에 변경된 내용을 저장하는 프로그램을 작성하라.

출력 예

제공되는 입력 파일 내용:

```
One should never utilize the word "utilize" in
writing. Use "use" instead.
```

프로그램이 생성한 파일 내용:

```
One should never use the word "use" in
writing. Use "use" instead.
```

제약 조건

- 출력 파일 이름을 입력 받도록 구현할 것
- 새로운 파일에 결과를 작성할 것

도전 과제

- 치환된 횟수를 기록한 다음 프로그램이 끝났을 때 화면에 치환한 개수를 화면에 출력하도록 프로그램을 수정해보자.
- 설정파일을 만들어 이 안에 'bad'를 'good'으로 변경하도록 하는 맵을 넣은 후, 코드에 치환할 단어를 넣는 대신 이 설정파일을 사용하도록 프로그램을 수정해보자.
- 한 개의 파일을 사용하지 않고 폴더를 지정하면 폴더에 들어 있는 모든 파일에 적용시킬 수 있도록 프로그램을 수정해보자.

연습문제 46. 단어 빈도 탐색

문장 또는 텍스트 블록에 특정 단어가 나타나는 빈도를 확인하는 것은 워드 클라우드(Word cloud)나 단어 분석의 다양한 형태를 생성하는 데 도움이 된다. 특히 많은 양의 텍스트를 확인할수록 더 활용도가 높아진다.

파일을 읽은 다음 파일에서 사용된 단어의 빈도를 세는 프로그램을 작성하라. 단어의 빈도를 측정한 후에는 단어와 빈도를 히스토그램 형태로 화면에 나타내보자.

출력 예

제공된 파일에 들어 있는 내용:

```
badger badger badger badger mushroom mushroom
snake badger badger badger
```

프로그램이 만든 출력 결과:

```
badger:    ******
mushroom: **
snake:     *
```

제약 조건

- 가장 많이 사용된 단어를 맨 위에, 가장 적게 사용된 단어를 마지막에 나타나도록 구현할 것

도전 과제

- 그래픽 프로그램으로 작성한 다음, 결과를 바 그래프로 나타내도록 하라.
- 셰익스피어의 『맥베스』와 같이 굉장히 큰 파일을 입력으로 사용하여 프로그램의 성능을 측정하라. 그런 다음 프로그램이 최대의 성능을 낼 수 있도록 알고리즘을 개선하라.
- 다른 프로그래밍 언어로 동일한 프로그램을 작성한 후 두 언어로 작성한 프로그램의 성능을 비교하라.

지금까지 배운 내용

여러분이 사용하는 프로그래밍 언어를 이용하여 파일을 읽고, 쓰고, 관리하는 방법을 이해하는 것은 매우 중요한 작업이다. 이제 여러분은 이러한 작업에 대한 많은 훈련을 마쳤다. 물론, 연습을 더 많이 할수록 여러분의 실력은 더 날카로워질 것이다. 그렇기 때문에 7장으로 다시 돌아간 다음 메모리가 아닌 파일에서 입력 데이터를 취하도록 연습문제들을 수정해보기 바란다.

최근 추세에 발맞추어 우리도 인터넷을 통해 제공되는 서비스와 데이터를 서로 연결하여 교류할 수 있어야 한다. 다음 장에서 이에 대한 내용을 살펴보도록 하자.

9장

외부 서비스와 작업하기

프로그래머로서 가장 중요한 기술 중 하나는 데이터를 제공하는 외부 서비스와 작업하는 것이다. 트위터, 플리커, 페이스북, 구글 등 수많은 서비스들은 자신들의 데이터를 사용할 수 있도록 API(Application Programming Interface)를 제공한다. 그래서 여러분의 프로그램이 API에 요청을 보내면 API는 프로그램이 사용할 수 있도록 데이터를 반환한다. 이러한 데이터는 XML이나 JSON의 형태로 반환되며, 어떤 경우에는 여러분이 직접 형태를 추출해야 할 수도 있다.

일부 API는 무료로 제공하지만, 어떤 것들은 개발자 등록을 해야 얻을 수 있다. 이런 경우에는 안전하게 키를 보관해야 하기 때문에 프로그램이 조금 더 복잡해진다. 프로 소프트웨어 개발자는 Git 같은 버전 관리 소프트웨어를 사용하는데, 키가 소스코드에 저장된다면 자칫 이러한 키들이 버전 관리 소프트웨어로 업로드될 수 있기 때문이다. 특히, GitHub와 같이 공개적으로 관리되는 소스코드의 경우에는 상황이 더 나쁘다. 실제로 이러한 일이 기끔씩 일어난다.

만일 브라우저에서 자바스크립트를 사용하는 경우에는 이러한 정보를 절대로 자바스크립트에 넣으면 안 된다. 왜냐하면 여러분의 프로그램을 사용하는 모든 사람이 코드를 확인하여 키를 훔칠 수 있기 때문이다. 그렇기 때문에 이러한 요청을 처리할 수 있는 서버쪽 프록시(Proxy)

를 사용하는 것을 고려할 수도 있을 것이다.

이번 장의 연습문제를 완성하기 위해서는 언급되는 써드파티(Third-party) API가 어떻게 동작하고, 프로그램에 어떻게 포함시켜야 하는지를 알아야 할 것이다. 그래서 데이터를 어떻게 받고, 데이터는 어떤 형태로 제공되며, 여러분의 프로그램에서 어떻게 데이터를 요청하고 그 결과를 어떻게 처리하는지를 알기 위해 관련 API 문서를 읽고 학습해야 한다.

연습문제 47. 우주에는 누가 있죠?

지금 현재 누가 우주에서 살고 있는지를 알아내는 방법이 있다는 사실을 알고 있는가? Open Notify API는 이러한 정보를 제공한다. http://api.open-notify.org/astros.json에 방문하면 얼마나 많은 사람이 현재 우주에 있는지뿐만 아니라 우주인 이름과 거주하고 있는 우주선 이름도 확인할 수 있다.

앞의 API를 이용하여 정보를 가져온 다음 표 형태로 결과를 출력하는 프로그램을 작성하라.

출력 예

```
There are 3 people in space right now:

Name                | Craft
--------------------|------
Gennady Padalka     | ISS
Mikhail Kornienko   | ISS
Scott Kelly         | ISS
```

제약 조건

- 프로그램이 실행할 때마다 매번 API에서 데이터를 직접 읽은 다음 결과를 출력할 것. 데이터를 텍스트로 다운 받은 후 이를 읽는 식으로 구현하지 말 것

도전 과제

- 제목 컬럼의 길이(Width)는 길이가 가장 긴 값에 맞추도록 하라.
- 우주선 이름을 반복하여 출력하는 대신 우주선 이름을 기준으로 우주인들을 그루핑하라.
- 데이터를 읽은 결과를 성(Last name)을 기준으로 하여 알파벳순으로 징렬할 수 있겠는가? 이때, "Mary Sue Van Pelt"와 같이 간혹 이름에 공백 글자를 넣는 사람도 있으니 주의하자.

연습문제 48. 일기예보

오늘 날씨가 좋은가? 아니면 코트를 들고 나가야 할까?

　http://openweathermap.org/current의 OpenWeatherMap API를 사용하여 도시 이름을 입력하면 입력한 도시의 현재 기온을 나타내는 프로그램을 작성하라.

출력 예

```
Where are you? Chicago IL
Chicago weather:
65 degrees Fahrenheit
```

제약 조건

• 날씨를 구하는 부분을 결과를 출력하는 부분과 별도로 분리할 것

도전 과제

• API는 일출, 일몰 시각뿐만 아니라 습도와 날씨 전망도 제공한다. 이러한 데이터를 의미 있는 방법으로 나타내도록 프로그램을 수정해보자.

• API는 풍향을 제공한다. 이 데이터를 'North', 'West', 'South', 'South-west' 또는 'South-southwest'와 같은 명칭으로 나타내도록 하라.

• 날씨 프로그램이 오늘이 어떤 날인지를 알려주도록 프로그램을 수정해보자. 가령, 온도가 섭씨 21도이고 하늘이 맑으면 "It's a nice day out!"이라고 출력한다.

• 기온을 섭씨온도와 화씨온도로 모두 표시하라.

• 날씨 정보를 기반으로 코트 또는 우산이 필요한지를 알려주도록 프로그램을 수정해보자.

연습문제 49. 플리커 사진 검색

어떤 서비스들은 특징을 검색할 수 있도록 하여 많은 양의 결과를 제공하기도 한다. 여기에서 여러분이 할 일은 정확한 검색어를 제시하는 것이다.

검색창과 검색 결과로 검색어에 해당하는 사진을 나타내는 공간 등 그래픽 인터페이스가 있는 프로그램을 작성하라. 여기서는 https://www.flickr.com/services/feeds/docs/photos_public에서 제공하는 플리커의 공개 사진을 이용해보자.

출력 예

프로그램은 다음과 같이 사진을 나타내야 한다.

Photos about "nature"

제약 조건

- 이 프로그램이 그래픽 프로그램이기 때문에 API를 이용하여 사진을 나타내야 한다. 자바스크립트를 이용하는 경우에는 HTML과 DOM을 이용하여 나타낼 수 있다. jQuery나 별도의 외부 프레임워크를 사용하면 안 된다. 자바를 이용하는 경우에는 스윙이나 안드로이드 애플리케이션을 사용하는 데스크톱 애플리케이션을 만들자. 만일 GUI 도구를 제공하지 않는 언어를 사용하는 경우에는 HTML 페이지를 생성하여 로컬 브라우저를 통해 읽도록 구현하자.

도전 과제

- 자바스크립트를 사용하는 경우 Angular, Ember, React 중 하나를 사용하여 프로그램을 작성하라. 더 도전하고 싶다면 이 세 가지에 대해 각각 프로그램을 작성하라.
- 트위터 API를 사용하여 검색어에 해당하는 내용을 사진 옆에 나타내도록 프로그램을 수정해보자.

연습문제 50. 영화 추천

외부 서비스에서 제공하는 데이터는 여러분의 애플리케이션을 개발하
는 새로운 출발점을 제공할 수도 있다.

제시된 영화에 대한 정보를 출력하는 프로그램을 작성하라. 영화 제
목을 입력 받은 다음 영화 제목, 출시 연도, 등급, 상영 시간, 줄거리(존
재하는 경우에만)를 출력한다. 그리고는 평점이 80%를 넘는 경우에는
이 영화를 추천한다는 문구도 같이 출력한다. 만일 평점이 50% 미만인
경우라면 무슨 수를 써서라도 감상하지 말라는 문구를 출력한다.

출력 예

```
Enter the name of a movie: Guardians of the Galaxy

Title: Guardians of the Galaxy
Year: 2014
Rating: PG-13
Running Time: 121 minutes

Description: From Marvel...

You should watch this movie right now!
```

제약 조건

- http://developer.rottentomatoes.com에서 제공하는 Rotten To-
  matoes API를 사용하고 API 키를 획득할 것

도전 과제

- 이 프로그램의 그래픽 버전을 작성하라. 그래서 평점과 함께 영화 포
  스터를 그래픽으로 나타내보자.
- 검색하는 영화 정보를 캐시(cache)하여 이미 조사된 영화에 대해서
  는 외부 API를 사용하지 않도록 하는 방법을 생각해보자. 아울러 캐
  시가 만료되는 방법도 제시하라.

연습문제 51. **Firebase에 노트 저장하기**

일부 외부 서비스는 데이터를 읽어오는 것을 넘어 데이터를 업데이트하는 기능도 제공한다. Firebase는 자신만의 데이터베이스를 만들도록 하여 웹, 모바일, 데스크톱 애플리케이션을 위한 데이터를 저장할 수 있다. 그리고 어떤 프로그래밍 언어로도 JSON 기반의 API를 이용하여 저장된 데이터를 사용할 수 있다.

Firebase를 이용하여 노트를 저장하고 저장된 노트를 보여주는 간단한 애플리케이션을 작성하라. 이 애플리케이션은 다음과 같은 명령을 지원해야 한다.

- `mynotes new Learn how to invert binary trees`는 노트를 저장한다.
- `mynotes show` 명령을 사용하면 현재 저장된 모든 노트를 나타낸다.

출력 예

```
$ mynotes new Learn how to invert binary trees
Your note was saved.

$ mynotes show
2050-12-31 - Learn how to invert binary trees
2050-12-30 - Notetaking on the command line is cool.
```

제약 조건

- 설정 파일을 만들어 API 키를 설정 파일에 저장하도록 할 것
- 미리 만들어진 별도의 클라이언트 라이브러리를 사용하는 대신 https://www.firebase.com/docs/rest에서 제공하는 REST 문서를 사용할 것

도전 과제

- 노트를 검색하고 노트의 내용을 볼 수 있는 조금 더 일반화된 애플리케이션으로 발전시켜 보자.
- 구현한 코드 중 하나를 클라이언트 라이브러리를 사용하여 구현해보자.
- 노트에 태그를 다는 기능을 추가하자.
- 8장의 일부 연습문제를 Firebase를 사용하는 버전으로 수정해보자.

연습문제 52. **자신만의 시각 알림 서비스**

외부 서비스를 사용하는 것도 한 가지 방법이지만, 자신만의 서비스를 만들어 다른 사람들이 소비하도록 만드는 것은 다른 개발자들이 여러분이 제공하는 서비스를 사용하고 싶어하도록 만들 수 있다는 점에서 중요하다.

현재 시각을 JSON 데이터로 알려주는 간단한 웹 서비스를 만들어 보자. 이때 제공하는 데이터 형식은 다음과 같다.

```
{ "currentTime": "2050-01-24 15:06:26" }
```

그리고 클라이언트 애플리케이션을 작성하여 웹 서비스에 접속하고 결과를 파싱한 다음 현재 시각을 출력하자.

출력 예
```
The current time is 15:06:26 UTC January 4 2050.
```

제약 조건
- 서버 애플리케이션은 요청에 대한 응답을 전송할 때 콘텐트 타입을 반드시 application/json으로 할 것
- 최소한의 코드를 사용하여 서버 애플리케이션을 제작할 것

도전 과제
- 무작위의 내용을 보내는 새로운 서버를 만들어 보자. 이를 위해 여러 문구를 배열에 저장한 다음 무작위로 하나를 선택하도록 한다.
- 클라이언트 쪽에서는 서버로부터 받은 문구를 출력하기 위해 서버에서 사용한 언어와 다른 언어로 클라이언트 프로그램을 작성하라.

지금까지 배운 내용

최근의 프로그램들은 써드파티 서비스에 의존하는 경향이 높아졌다. 그렇기 때문에 이러한 서비스를 사용하는 방법을 알아 두면 많은 도움이 될 것이다. 하지만 대부분의 경우 여러분이 직접 제공하는 데이터 패턴을 파악하여 프로그램에 적용해야 한다. 보통 순수 모바일 애플리케이션으로 하여금 서버쪽 언어를 사용하여 중앙 서버의 데이터를 읽고 쓰도록 하는 것이 일반적이다. 웹 애플리케이션은 일상적으로 클라이언트 쪽의 자바스크립트를 사용하여 서버쪽 JSON API와 함께 작업을 한다. 이번 장의 연습문제를 통해 학습한 내용은 아주 중요하다.

이제, 지금까지 배운 모든 것을 한데 모아 더 견고한 프로그램에 담을 때가 되었다.

10장

완전한 프로그램

지금까지의 모든 연습문제를 학습했다면, 여러분은 아마도 그 동안 단련된 프로그래밍 실력을 시험해볼 더 큰 도전 과제를 찾고 있을 것이다. 이번 장의 연습문제는 지금까지 여러분이 배운 모든 비법을 사용해야 풀 수 있을 것이다. 연습문제 중 일부는 문제를 해결하기 위해 여러분이 쉽게 접근할 수 있는 영역을 넘어, 여러분이 사용하는 프로그래밍 언어의 표준 라이브러리를 조사하도록 만들기도 할 것이다.

이번 장에서 제공하는 연습문제를 해결하는 동안 이 책의 시작 부분에서 살펴본 절차를 다시 한 번 상기하길 바란다. 즉, 문제 정의서를 읽고 어떻게 하면 문제를 좀 더 작은 단위로 나눌 수 있는지를 고민해보자. 그리고 어떻게 하면 프로그램이 제대로 동작하는 것을 보장할 수 있도록 테스트 계획서를 잘 작성할 것인지도 고민해보자.

앞에서 해결한 프로그램과 동일한 패턴이나 내용을 발견할 수도 있을 것이다. 동일한 해결 기법을 사용하여 다른 문제를 해결하는 것은 흔히 있는 일이다.

연습문제 53. **Todo List**

그럼 추억의 신뢰할 만한 todo list인, 전체 프로그램의 "Hello, World" 부분부터 시작해보자. 다음의 조건을 만족하는 명령줄 todo list 프로그램을 작성하라.

- 할 일을 입력 받은 다음 이 내용을 삭제되지 않는 공간에 저장하여 프로그램이 다시 시작해도 계속 존재하도록 해야 한다.
- 아무 것도 입력하지 않을 때까지 계속해서 작업을 추가할 수 있도록 해야 한다. 이때 아무 것도 입력하지 않았을 때의 비어 있는 입력 값은 저장하지 않는다.
- 모든 작업을 출력해야 한다.
- 완료된 작업을 나타내기 위해 사용자로 하여금 작업을 지울 수 있도록 한다.

제약 조건

- 데이터를 외부 데이터 소스에 저장할 것
- 서버쪽 언어를 사용하는 경우, 가급적 Redis를 사용할 것
- 지속적인 데이터베이스를 사용하기 위해 Parse나 Firebase 같은 써드파티 서비스를 사용하는 것을 고려할 것

도전 과제

- 이 프로그램을 오직 프론트-엔드(Front-end) 기술만을 사용하여 웹 브라우저에서 구현해보자. 이를 위해서는 IndexedDB를 조사하여 데이터를 저장하는 방법을 익혀야 할 것이다.
- 프론트-엔드 쪽을 안드로이드나 아이폰 앱으로 구현해보자. 이때 프론트-엔드는 여러분이 서버쪽 언어로 직접 작성한 백-엔드(Back-end)와 연결되어야 한다. 이를 위해 여러분만의 API를 제작하여 리스트를 조회하고, 새로운 아이템을 생성하고, 아이템에 완료 처리를 할 수 있도록 구현해보자.

연습문제 54. **URL 축약**

사용자로 하여금 https://goo.gl처럼 긴 URL을 입력받아 축약한 형태의 URL을 만드는 웹 애플리케이션을 작성하라.

- 프로그램은 긴 URL을 받을 수 있는 양식을 갖고 있어야 한다.
- 프로그램은 /abc1234와 같은 축약된 형태의 URL을 생성하여 짧은 URL과 긴 URL을 지속되는 데이터 저장소에 함께 저장해야 한다.
- 짧은 URL을 입력 받으면 프로그램은 긴 URL로 이동시켜야 한다.
- 프로그램은 짧은 URL을 사용한 횟수를 기록해야 한다.
- 프로그램은 /abc1234/stats와 같은 짧은 URL을 위한 통계 페이지를 제공한다. 그래서 이 통계 페이지는 짧은 URL 및 긴 URL과 함께 짧은 URL이 사용된 횟수를 보여준다.

제약 조건
- 이 앱은 반드시 지속적으로 유지되는 데이터 저장소를 사용하여 다른 사람도 사용할 수 있도록 해야 한다. 즉, 로컬 시스템이나 인메모리(in-memory) 시스템을 사용하면 안 된다.
- 유효하지 않은 URL이 입력되지 않도록 할 것

도전 과제
- 중복된 URL을 탐지하도록 하라. 즉, 이미 짧은 URL이 존재하는 긴 URL에 대해 짧은 URL을 추가로 생성하면 안 된다.
- 데이터 저장소로 Redis를 사용하라.
- 데이터 저장소로 RavenDB를 사용하라.
- 짧은 URL이 사용될 때마다 날짜와 시각을 저장하여 통계 페이지에 접속하였을 때 그래픽 라이브러리를 사용하여 그래프 형태로 사용 횟수를 나타내도록 하라.

연습문제 55. 텍스트 공유

텍스트로 구성된 짧은 소식을 공유하는 http://pastie.org와 유사한 웹 애플리케이션을 작성하라. 이 프로그램은 다음을 만족해야 한다.

- 사용자는 텍스트 영역에 텍스트를 입력한 다음 텍스트를 저장해야 한다.
- 텍스트는 데이터 저장소에 저장되어야 한다.
- 프로그램은 저장된 텍스트를 조회할 수 있는 URL을 생성해야 한다.
- 그래서 사용자가 해당 URL에 접속하면 저장된 텍스트가 나타나면서 이와 함께 텍스트를 수정할 수 있는 [Edit] 버튼을 제공한다.
- [Edit] 버튼을 클릭하면, 텍스트는 복사되고 새로운 텍스트를 만들었던 인터페이스와 동일한 인터페이스에 붙여 넣어 수정될 수 있도록 하자.

제약 조건

- URL에 대한 일차 키 대신 별도로 생성한 별칭을 사용할 수 있도록 할 것. SHA 또는 MD5 해시에 대한 내용을 조사해보자.

도전 과제

- 마크다운(Markdown)[1] 형식을 지원하도록 프로그램을 수정해보자.
- edit 기능을 통해 저장된 노트는 새로 저장되도록 하여 기존의 노트가 모두 유지되도록 프로그램을 수정해보자.
- API를 구현하여 명령줄, 데스크톱, 모바일 애플리케이션이 새로운 내용을 추가하거나 이미 작성된 텍스트를 볼 수 있도록 구현해보자.

---

1 마크다운(Markdown)은 마크업 언어(Mark-up Language)의 일종으로 위키(WiKi) 문법과 비슷한 문법을 사용하며, 읽기/쓰기가 쉽다는 장점이 있다.

연습문제 56. 상품 목록 추적

개인 상품 목록을 추적하는 프로그램을 작성하라. 프로그램은 아이템, 시리얼 번호, 추정 가격을 입력 받는다. 이렇게 입력 받은 내용을 다음과 같이 HTML과 CSV 형태로 표 형식의 보고서를 만들어내도록 해보자.

Name	Serial Number	Value
Xbox One	AXB124AXY	$399.00
Samsung TV	S40AZBDE4	$599.99

제약 조건

- 데이터는 JSON, XML, YAML 중 하나의 형식으로, 지워지지 않도록 로컬 데이터 파일로 저장할 것
- 각 아이템의 가격은 숫자 데이터로 요구할 것

도전 과제

- 아이템의 사진도 저장할 수 있도록 프로그램을 수정해보자. 만일 모바일 기기를 위해 이 프로그램을 작성한다면 기기에 있는 카메라를 사용하여 제품 사진을 찍을 수 있도록 구현해보자.
- 아이템을 검색할 수 있도록 프로그램을 수정해보자.

연습문제 57. **트리비아 앱**

여러 개의 선택을 할 수 있는 트리비아(Trivia) 애플리케이션[2]을 작성
하라.

- 파일에서 질문, 정답, 오답을 읽는다.
- 플레이어가 게임을 시작하면, 무작위로 질문을 선택한다.
  - 질문에 대한 선택지를 정답을 포함하여 무작위 순서로 나타낸다.
  - 정답을 맞춘 횟수를 기록한다.
  - 플레이어가 오답을 선택하면 게임을 종료한다.

제약 조건

- 트리비아 애플리케이션이 사용하는 파일을 키-값 저장소나 관계 데
  이터베이스를 사용하는 대신 파일 데이터베이스나 로컬 데이터 파일
  을 사용할 것

도전 과제

- 질문마다 난이도 필드를 추가하여 게임이 진행될수록 난이도가 올라
  가도록 구현해보자.
- 프로그램을 확장하여 부모 또는 선생님이 질문과 정답을 추가, 편집,
  삭제할 수 있는 모드를 제공하도록 구현해보자.

---

2 트리비아 퀴즈(Trivia Quiz): 아주 간단한 상식 퀴즈로, 라디오 방송에서 토막 퀴즈 형태로 많이
   사용한다.

앞으로 나아갈 길

지금까지의 프로그램을 통해 사용하는 프로그래밍 언어를 충분히 숙달하여 여러분이 해결하고자 하는 문제의 해법을 생각할 수 있게 되었으면 좋겠다. 프로그래밍 언어나 프레임워크를 깊게 공부할 수 있는 최고의 방법 중 하나는 여러분이 궁금해하는 부분을 해결하기 위해 직접 사용하는 것이다. 이를 위해, 인생에서 일어나는 이슈를 생각하고 이 중에서 파고들만한 문제를 선택하거나, 존재하는 애플리케이션을 다시 작성하는 것을 시도해보기 바란다. 예를 들어 칼로리 측정 앱, 뽀모도로 타이머, 야채 리스트 앱 등을 들 수 있다.

다른 중요한 소프트웨어 개발 도구를 공부하는 것도 좋겠다. 테스트 주도 개발을 조사하고 단위 시험과 인수 시험을 작성할 수 있도록 여러분의 프로그래밍 언어를 지원하는 툴로 작업해보자. 그리고는 버전 관리 시스템인 Git을 사용하고 GitHub에 코드를 등록하여 다른 사람들이 볼 수 있도록 해보자. 또는 오픈소스 프로젝트에 참여하여 여러분의 새로운 실력으로 프로젝트에 기여하는 것도 좋다. 이러한 활동은 다른 사람으로부터 배우고 여러분의 커리어를 향상시키는 아주 훌륭한 방법이다.

그리고 새로운 언어를 배울 때가 되면, 이 책을 다시 들고 처음부터 다시 시작하기 바란다. 하지만 이번에는 유사한 문제를 해결하기 위해 새로운 방법을 연구하면서 읽으면 좋을 것이다.

해피 코딩!

찾아보기